中华人民共和国行业推荐性标准

公路涵洞设计规范

Specifications for Design of Highway Culverts

JTG/T 3365-02—2020

主编单位：河北省交通规划设计院
批准部门：中华人民共和国交通运输部
实施日期：2021 年 01 月 01 日

人民交通出版社股份有限公司

北京

律 师 声 明

本书所有文字、数据、图像、版式设计、插图等均受中华人民共和国宪法和著作权法保护。未经人民交通出版社股份有限公司同意，任何单位、组织、个人不得以任何方式对本作品进行全部或局部的复制、转载、出版或变相出版。

本书扉页前加印有人民交通出版社股份有限公司专用防伪纸。任何侵犯本书权益的行为，人民交通出版社股份有限公司将依法追究其法律责任。

有奖举报电话：(010) 85285150

北京市星河律师事务所
2020 年 6 月 30 日

图书在版编目 (CIP) 数据

公路涵洞设计规范：JTG/T 3365-02—2020 / 河北省交通规划设计院主编. — 北京：人民交通出版社股份有限公司, 2020.11
 ISBN 978-7-114-16583-2

Ⅰ.①公… Ⅱ.①河… Ⅲ.①公路桥—桥涵工程—设计规范—中国 Ⅳ.①U448.142.5-65

中国版本图书馆 CIP 数据核字 (2020) 第 090449 号
审图号：GS (2020) 1717 号

标准类型：中华人民共和国行业推荐性标准
标准名称：公路涵洞设计规范
标准编号：JTG/T 3365-02—2020
主编单位：河北省交通规划设计院
责任编辑：王海南
责任校对：孙国靖　宋佳时
责任印制：刘高彤
出版发行：人民交通出版社股份有限公司
地　　址：(100011) 北京市朝阳区安定门外外馆斜街 3 号
网　　址：http://www.ccpcl.com.cn
销售电话：(010) 59757973
总　经　销：人民交通出版社股份有限公司发行部
经　　销：各地新华书店
印　　刷：北京市密东印刷有限公司
开　　本：880×1230　1/16
印　　张：6.75
字　　数：168 千
版　　次：2020 年 11 月　第 1 版
印　　次：2022 年 3 月　第 3 次印刷
书　　号：ISBN 978-7-114-16583-2
定　　价：50.00 元

(有印刷、装订质量问题的图书，由本公司负责调换)

中华人民共和国交通运输部

公 告

第 88 号

交通运输部关于发布
《公路涵洞设计规范》的公告

现发布《公路涵洞设计规范》(JTG/T 3365-02—2020)，作为公路工程行业推荐性标准，自 2021 年 1 月 1 日起施行，原《公路涵洞设计细则》(JTG/T D65-04—2007) 同时废止。

《公路涵洞设计规范》(JTG/T 3365-02—2020) 的管理权和解释权归交通运输部，日常管理和解释工作由主编单位河北省交通规划设计院负责。

请各有关单位注意在实践中总结经验，及时将发现的问题和修改建议函告河北省交通规划设计院（地址：河北省石家庄市建设南大街 36 号，邮政编码：050011），以便修订时研用。

特此公告。

中华人民共和国交通运输部
2020 年 10 月 30 日

前 言

根据交通运输部办公厅《关于下达2015年度公路工程标准制修订项目计划的通知》（交办公路函〔2015〕312号）的要求，由河北省交通规划设计院作为主编单位主持《公路涵洞设计细则》（JTG/T D65-04—2007）的修订工作。经批准后以《公路涵洞设计规范》（JTG/T 3365-02—2020）（以下简称"本规范"）颁布实施。

在修订过程中，修订组进行了大量的科研工作，吸取了国内其他单位的研究成果和实际工程设计经验，参考、借鉴了国内外相关标准规范。在初稿完成后，通过多种方式广泛征求了设计、施工、建设、管理等有关单位和个人的意见，并经过反复讨论、修改，最终定稿。考虑到规范修订工作的延续性，主编单位聘请刘新生担任本次规范修订的顾问。

本规范包括9章和2个附录。本次修订的主要内容有：增加了"波纹钢管（板）涵的结构性回填"的规定；增加了高填土涵洞减荷载措施的规定；增加了"波纹钢管（板）材料"的规定；修订了表9.2.2"竖向土压力系数"；明确了涵洞设计采用的荷载以及压实土的静土压力系数；增加了汽车荷载引起的土压力计算的规定；增加了波纹钢管（板）涵计算的规定。

请各有关单位在执行过程中，将发现的问题和建议，函告本规范日常管理组，联系人：闫涛（地址：河北省石家庄市建设南大街36号，河北省交通规划设计院；邮编：050011；电话：0311-86112003；电子邮箱：glswgfbxz@163.com），以便下次修订时参考。

主 编 单 位：河北省交通规划设计院
参 编 单 位：长安大学
　　　　　　内蒙古交通设计研究院有限责任公司

主　　　　编：何勇海
主要参编人员：朱冀军　闫　涛　冯忠居　王全录　张宏光　高延奎
　　　　　　华鹏年　苏广和　雷　伟　谢永利　王　波

主　　　　审：王似舜

参与审查人员： 张冬青　赵君黎　温学钧　田克平　李振江　陈　阵
　　　　　　　　冯　莨　彭　立　余顺新　沈永林　王景奇　茅兆祥
　　　　　　　　朱建强　李文杰　王续山　刘百来　符锌砂　黄美兰
　　　　　　　　胡　珊　盛海峰　孙建成　张　军　江大兴　刘　硕

参 加 人 员： 刘保东　金凤温　王志宏

目　次

1 总则 ··· 1
2 术语和符号 ·· 2
　2.1 术语 ·· 2
　2.2 符号 ·· 4
3 基本规定 ··· 7
　3.1 涵洞分类 ··· 7
　3.2 涵洞选型 ··· 7
　3.3 涵洞在设计与施工中的相关要求 ··· 9
4 材料 ·· 13
　4.1 一般规定 ··· 13
　4.2 圬工材料 ··· 14
　4.3 钢筋混凝土材料 ··· 18
　4.4 波纹钢管（板）材料 ··· 19
5 涵洞布设 ·· 21
　5.1 一般规定 ··· 21
　5.2 平面布设 ··· 22
　5.3 立面布设 ··· 25
6 涵洞水文计算 ··· 27
　6.1 一般规定 ··· 27
　6.2 暴雨推理法 ··· 27
　6.3 径流形成法 ··· 28
　6.4 形态调查法 ··· 29
　6.5 直接类比法 ··· 31
　6.6 流量计算方法的比较与核对 ··· 33
7 涵洞水力计算 ··· 35
　7.1 一般规定 ··· 35
　7.2 涵洞孔径验算 ·· 36
　7.3 过水消能建筑物的水力计算 ··· 39
8 涵洞构造 ·· 45
　8.1 一般规定 ··· 45
　8.2 洞身构造 ··· 46

8.3 洞口构造	51
8.4 进、出水口沟床加固及防护	54

9 结构设计 55
9.1 一般规定 55
9.2 作用 56
9.3 洞身上部计算 63
9.4 涵洞墩台计算 67
9.5 洞口构造计算 68

附录A 石材试件强度的换算系数及石砌体分类 69

附录B 水文计算图表 70

本规范用词用语说明 99

1 总则

1.0.1 为满足公路建设需要,规范、指导公路涵洞的设计,制定本规范。

1.0.2 本规范适用于新建和改扩建各级公路涵洞的设计。

1.0.3 公路涵洞布设除应满足排水、输砂要求外,尚应与公路排水系统、水利规划及农田排灌相配合。

1.0.4 公路涵洞设计应符合安全、耐久、适用、环保、经济和美观的要求,并考虑因地制宜、就地取材、便于施工和养护等。

1.0.5 公路涵洞设计洪水频率、汽车荷载及安全等级应符合表 1.0.5 的规定。

表 1.0.5 公路涵洞设计洪水频率、汽车荷载及安全等级

公路等级	高速公路	一级公路	二级公路	三级公路	四级公路
设计洪水频率	1/100	1/100	1/50	1/25	不作规定
汽车荷载等级	公路—Ⅰ级	公路—Ⅰ级	公路—Ⅰ级	公路—Ⅱ级	公路—Ⅱ级
设计安全等级	二级			三级	

注:二级公路作为集散公路且交通量小、重型车辆少时,其涵洞设计可采用公路—Ⅱ级汽车荷载。

1.0.6 公路涵洞设计除应符合本规范的规定外,尚应符合国家和行业现行有关标准的规定。

2 术语和符号

2.1 术语

2.1.1 涵洞 culvert
为保证地面水流能够横穿公路而设置的小型排水构造物，一般由基础、洞身、洞口建筑组成。

2.1.2 管涵 pipe culvert
洞身为管形的涵洞。

2.1.3 拱涵 arch culvert
洞身截面顶部呈拱形的涵洞。

2.1.4 箱涵 box culvert
洞身为箱形截面的涵洞。

2.1.5 盖板涵 slab culvert
洞身以钢筋混凝土板、石板等作为顶盖的涵洞。

2.1.6 压力式涵洞 outlet submerged culvert
进、出口都被水流淹没，洞身涵长范围内全断面过水且洞内顶部承受水头压力的涵洞。

2.1.7 半压力式涵洞 inlet submerged culvert
进口被水流淹没，洞身内只有部分段落承受水头压力的涵洞。

2.1.8 无压力式涵洞 inlet unsubmerged culvert
洞身全长的水流处于无压流动状态下的涵洞。

2.1.9 倒虹吸涵 inverted siphon
路基两侧水流都高于涵洞进、出口，且靠水流压力通过形似倒虹吸的涵洞。

2.1.10 汇水面积(集水面积) catchment area
流域分水线与涵位断面之间所包围的平面面积。

2.1.11 径流 runoff
陆地上的降水汇流到河流、湖库、沼泽、海洋、含水层或沙漠的水流。

2.1.12 壅水 back water
水流受到压缩或潮水水位、干流水位顶托而导致上游水位抬高的现象。

2.1.13 临界流速 critical velocity
明渠水流中发生临界水深的断面平均流速。

2.1.14 允许(不冲刷)流速 permit velocity for no scour
涵洞和排水计算时,保证不出现冲刷所采用的流速。

2.1.15 过水断面 wetted cross-section
河流、渠道或管道内能排泄水流的横断面。

2.1.16 湿周 wetted perimeter
过水断面的水流与河床(管道)接触部分的润湿边界长度。

2.1.17 水力半径 hydraulic radius
过水断面面积与其湿周的比值。

2.1.18 淤积 sediment
水流挟带的泥沙由于流速减缓而沉积的现象。

2.1.19 糙率 coefficient of roughness
综合反映河床粗糙程度对水流起摩阻影响的系数。

2.1.20 材料强度标准值 characteristic value of material strength
设计结构或构件时,采用的材料强度的基本代表值。由标准试件规定的标准试验方法经概率统计的具有95%保证率的分位值确定。

2.1.21 材料强度设计值 design value of material strength
材料强度标准值除以材料强度分项系数后的值。

2.1.22 作用 actions

施加在结构上的集中力或分布力(直接作用,也称为荷载)和引起结构外加变形或约束变形的原因(间接作用)。

2.1.23 作用的标准值 characteristic value of an action

作用的主要代表值。可根据对观测数据的统计、作用的自然界限或工程经验确定。

2.1.24 作用的代表值 representative value of an action

极限状态设计所采用的作用值,可以是作用的标准值或可变作用的伴随值。

2.1.25 作用的设计值 design value of an action

作用的代表值与作用分项系数的乘积。

2.1.26 作用效应 effects of an action

由作用引起的结构或结构构件的反应。

2.1.27 安全等级 safety class

为使桥涵具有合理的安全性,根据桥涵结构破坏所产生后果的严重程度而划分的设计等级。

2.1.28 结构重要性系数 coefficient for importance of a structure

对不同安全等级的结构,为使其具有规定的可靠度而采用的分项系数。

2.1.29 分项系数 partial safety factor

用概率极限状态设计法设计时,为保证所设计的结构具有规定的可靠度,在设计表达式中采用的系数。分为作用分项系数和抗力分项系数两类。

2.1.30 结构性回填土 engineered back soil

波纹钢埋置式结构周围按规定方法分层填筑和压实的、材料特性和级配符合一定要求的回填土,用以保证结构稳定性和发挥土-钢结构相互作用。

2.2 符号

2.2.1 水文、水力有关符号

A_k——临界水深时的涵内净过水面积;
B_k——临界水深时的涵内净水面宽度;
F——汇水面积;

g——重力加速度；

H——涵前积水深；

h——径流厚度；

h_k——临界水深；

n——糙率；

Q_p——设计流量；

R——水力半径；

S_p——设计雨力，即 $t=1h$ 的暴雨强度；

v_k——临界流速；

v_s——设计流速。

2.2.2 材料性能有关符号

C——混凝土强度等级；

E_c——混凝土受压弹性模量；

E_m——砌体受压弹性模量；

E_s——普通钢筋的弹性模量；

f_{ck}、f_{cd}——石材、混凝土、砌体轴心抗压强度标准值、设计值；

f_{sk}、f_{sd}——普通钢筋抗拉强度标准值、设计值；

f'_{sd}——普通钢筋抗压强度设计值；

f_{tk}、f_{td}——混凝土、砌体轴心抗拉强度标准值、设计值；

f_{tmd}——石材、混凝土、砌体弯曲抗拉强度设计值；

f_{vd}——混凝土、砌体直接抗剪强度设计值；

G_c——混凝土剪变模量；

G_m——砌体剪变模量；

MU——石材强度等级。

2.2.3 作用和作用效应有关符号

E——主动土压力标准值；

e_j——任一高度 h 处的静土压力强度；

M'——简支斜板的单宽最大弯矩效应。

2.2.4 几何参数有关符号

L——涵洞长度或跨径；

L_a——计算跨径；

L_0——净跨径；

R_0——拱腹线半径；

φ_0——拱脚至圆心的连线与垂线的交角（半圆心角）；

f_0——净矢高。

2.2.5 计算系数及其他有关符号

c——矩形截面抗扭刚度系数;

α——台背或挡墙背与竖直面的夹角;

γ_0——结构重要性系数;

δ——台背或挡墙背与填土间的摩擦角;

ξ——压实土的静土压力系数;

λ——土的侧压力系数;

φ——土的内摩擦角。

3 基本规定

3.1 涵洞分类

3.1.1 按建筑材料的不同，涵洞可分为圬工涵、钢筋混凝土涵、波纹钢管(板)涵等。

3.1.2 按构造形式的不同，涵洞可分为管涵、盖板涵、拱涵、箱涵等。

3.1.3 按填土高度的不同，涵洞可分为明涵、暗涵。涵洞洞顶填料厚度(包括路面)小于0.5m时为明涵，大于或等于0.5m时为暗涵。

3.1.4 按水力性质的不同，涵洞可分为无压力式、半压力式、压力式三种。

3.1.5 按施工方法的不同，涵洞可分为装配式涵、现浇涵和顶进涵三种。

条文说明

3.1.1~3.1.5 在《公路涵洞设计细则》(JTG/T D65-04—2017)(以下简称"原细则")基础上除按建筑材料、构造形式、填土高度和水力性质对涵洞进行分类外，新增本规范第3.1.5条按施工方法分类。

3.2 涵洞选型

3.2.1 涵洞选型除应满足本规范第1.0.3条和第1.0.4条的规定外，尚应符合下列规定：

1 应根据所在公路等级、功能、性质和将来发展的需求，经技术经济比较后确定。
2 在农田排灌地区以及靠近村镇、城市、铁路及水利设施的涵洞，应充分征求各方意见协商确定。
3 应与河沟特征、地质、水文和填土高度等条件相适应。
4 在交通量较大或不能中断交通的既有道路上，当路基稳定无下沉情况时，宜结合地质、地形和运营条件，进行技术经济比较，可选择顶进涵。

5 在同一路段内的涵洞类型,应力求简化,便于标准化施工及养护。

3.2.2 各类涵洞宜采用标准化跨径并宜符合表3.2.2的规定。

表3.2.2 各类涵洞标准化跨径(m)

构造形式	标准化跨径	构造形式	标准化跨径
钢筋混凝土管涵	0.75、1.00、1.25、1.50、2.00	石盖板涵	0.75、1.00、1.25
钢筋混凝土盖板涵	1.50、2.00、2.50、3.00、4.00、5.00	倒虹吸管涵	0.75、1.00、1.25、1.50
拱涵	1.50、2.00、2.50、3.00、4.00、5.00	波纹钢管(板)涵	1.50、2.00、2.50、3.00、4.00、5.00
钢筋混凝土箱涵	1.50、2.00、2.50、3.00、4.00、5.00		

3.2.3 按不同材料的涵洞选型,宜符合表3.2.3的规定。

表3.2.3 不同材料涵洞的适用性

建筑材料	适 用 性
圬工	在石料丰富地区,可采用石盖板涵、石拱涵;混凝土可现场浇筑或预制成拱涵、圆管涵和小跨径盖板涵
钢筋混凝土	可用于管涵、盖板涵、拱涵、箱涵、倒虹吸涵等
波纹钢管(板)	用于冻土、软弱地基等不良地质的暗涵以及有特殊要求的暗涵,不宜用于陡坡涵

条文说明

按不同材料涵洞选型的优缺点如下:

圬工涵:节省钢筋。石涵经久耐用,造价、养护费用低,但跨径小;混凝土涵便于预制,但损坏后养护较困难。

钢筋混凝土涵:涵身坚固,经久耐用,养护费用少,但造价较高。

波纹钢管(板)涵:对地基要求较低,变形适应性强,结构受力合理,但需要进行防腐抗磨蚀处理。

3.2.4 按不同构造形式的涵洞选型,宜符合表3.2.4的规定。

表3.2.4 各种构造形式涵洞的适用性

构造形式	适 用 性
管涵	有足够填土高度的小跨径暗涵,一般为单孔,多孔时不宜超过3孔
盖板涵	要求过水面积较大的明涵或暗涵
拱涵	跨越深沟或高路堤时选用,山区石料丰富可用石拱涵
箱涵	用于软弱地基、高地震烈度区及其他特殊条件地段

条文说明

按不同构造形式涵洞选型的优缺点如下：

管涵：对地基与基础的适应性强，受力性较好，不需要墩台，圬工数量少。造价低，但一般孔径较小，不便于养护和清淤。

盖板涵：构造简单、维修容易，跨径小时用石盖板，跨径较大时用钢筋混凝土盖板，但对铰接板明涵易产生单板受力，造成桥面破坏。

拱涵：跨径较小，承载力较大，但自重引起的恒载也较大，对地基承载力要求较高，施工工序较繁多。

箱涵：整体性强，对地基的适应性强，但用钢量较多，造价高，施工较困难。

3.2.5 按水力性质不同的涵洞选型，宜符合表 3.2.5 的规定。

表 3.2.5 不同水力性质涵洞的适用性

水 力 性 质	适 用 性
无压力式	要求涵顶高出水面，涵前不允许壅水或壅水不高
半压力式	全涵净高相等，涵前允许一定的壅水高，且略高于进口净高
压力式	深沟高路堤，不危害上游农田、房屋的前提下，涵前允许较高壅水；当横穿路线的沟渠水面高程基本同于或略高于路基高程时可采用倒虹吸涵，一般只用于灌溉渠道，不宜用于排洪河沟

3.3 涵洞在设计与施工中的相关要求

3.3.1 涵洞洞口以及洞外进水、排水工程的形式与尺寸应使水流能顺畅通过，并满足两侧路堤的稳定性要求，且不应对附近环境造成不利影响。

3.3.2 有水压涵洞应设置基础，管节接缝应密不透水，避免水压渗透，保证路堤及基底的稳定性。

3.3.3 涵洞施工完成后，砌体砂浆或混凝土强度达到设计强度的 85% 时，方可进行涵洞洞身两侧的回填。涵洞两侧紧靠涵台部分的回填土不宜采用大型机械进行压实施工，宜采用人工配合小型机械的方法夯填密实。填土每侧长度不应小于洞身两侧填土高度的 1 倍。填筑应在两侧对称、均衡地分层进行，压实度不应小于 96%。

3.3.4 二级及二级以上公路路堤与涵洞连接处应设置过渡段，过渡段路基压实度不应小于 96%，填料强度、地基处理、涵台背防排水等应进行综合设计。过渡段长度宜按 2~3 倍路基填土高度确定；当采用施工碾压机械作业时，可再增加 3~5m。对高填土涵洞宜根据实际情况处理。

3.3.5 涵洞工后沉降宜与路基相同，其工后沉降量不应大于200mm。当涵洞的工后沉降量不满足上述要求时，应针对沉降进行处治设计。

3.3.6 涵洞预制构件的宽度应视起重及运输能力而定，但应保证构件的强度和刚度，其宽度不宜小于1.0m。预制钢筋混凝土圆形管节的长度不宜小于1.0m。

3.3.7 施工时涵洞应设上拱度。高填土和长、大孔径涵洞的预设上拱度宜由计算确定；一般涵洞的预设上拱度，可按表3.3.7的规定设置。但进口流水槽面的高程不宜低于涵身中部流水槽面的高程。

表3.3.7 一般涵洞预设上拱度

基底土类别	上拱度
碎石土、砾砂、粗砂、中砂、细砂	$H/80$
半干硬状态的、硬塑状态的黏性土及老黄土	$H/50$

注：1. H 为路线中心线处自涵洞流水槽面至路面顶面的高度。
    2. 当设计规定了上拱度时，应按设计要求设置。
    3. 基底土属软塑状态的黏性土或新黄土时，上拱度可适当加大。
    4. 基底土为岩石，涵洞顶上填方厚度不足2m以及涵身坡度大于5%的涵洞，可不设上拱度。

3.3.8 对改扩建工程，新建涵洞与既有涵洞连接处为整体式路基时，接长涵洞的涵底(铺砌)应与既有涵洞的涵底(铺砌)顺接；当为分离式路基时，应做好新建涵洞与既有涵洞间进、出口的引水和排水工程。

3.3.9 波纹钢管(板)涵的结构性回填应符合下列规定：

1 结构性回填范围按图3.3.9-1所示采用。

注：当 $D_h \leq 1m$ 时，D_b 为 0.5m；当 $1m < D_h \leq 2m$ 时，D_b 为 $0.5D_h$；当 $2m < D_h \leq 10m$ 时，D_b 为 1m；当 $D_h > 10m$ 时，D_b 为 $0.1D_h$。

最小覆土厚度 D_a 可按式(3.3.9-1)、式(3.3.9-2)计算结果取较大值，且不得小于0.6m。

$$D_a = \frac{D_h}{6}\left(\frac{D_h}{D_v}\right)^{\frac{1}{2}} \tag{3.3.9-1}$$

$$D_a = 0.4\left(\frac{D_h}{D_v}\right)^2 \tag{3.3.9-2}$$

式中：D_h、D_v——分别为波纹钢板桥涵结构的有效跨度和有效矢高(m)，按波纹钢板轴线计算，对不同横截面形式，具体的取值见图3.3.9-2。

2 结构性回填土宜采用天然级配砂砾或水稳性好的材料，如砾类土、砂类土，或砾、卵石与细粒土的混合料。

3 结构性回填土范围不得采用大型机械填筑、压实。

4 对闭口截面结构物管底下方楔形部填料，可采用水密法，并用振荡器振实。

5 结构物两侧应保持对称、均匀、分层摊铺，逐层压实，每层厚度宜为150~200mm，其压实度不应小于96%，夯实高度差应小于一层夯实厚度，由偏土压引起的结构物变形应采取措施消除，校正截面形状后应重新夯实。

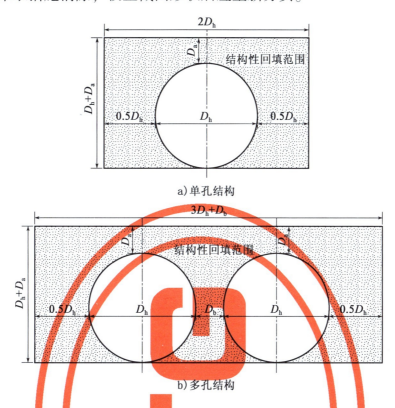

图 3.3.9-1 结构性回填范围示意

D_h-波纹钢管(板)涵结构的有效跨度(按波纹钢板轴线计算)；D_a-波纹钢管(板)涵结构的最小覆土厚度；D_b-波纹钢管(板)涵结构的最小间距

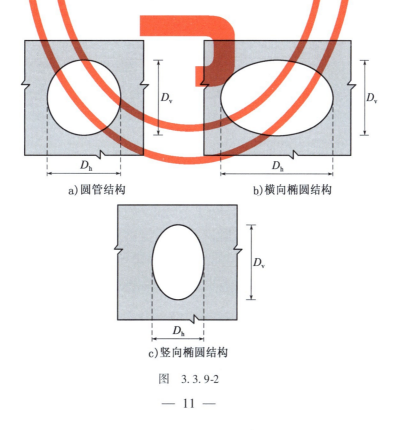

图 3.3.9-2

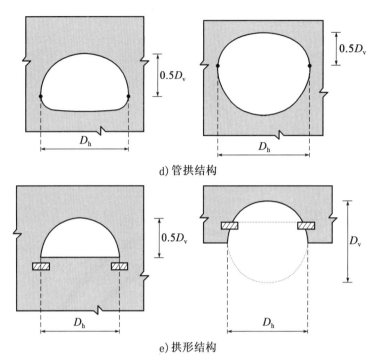

图 3.3.9-2 D_h 和 D_v 的定义示意

6 在回填夯实过程中，从结构物外边缘向外 2.0m 以内的范围，应严格控制除夯实机械以外的重型机械的运行。夯实侧面时，夯实机械应与结构物的长度方向平行行驶；夯实结构物上方回填土时，应垂直于结构物长度方向行驶。

7 结构物顶部填土的最小厚度应符合现行《公路桥涵施工技术规范》(JTG/T 3650) 的规定，并应进行结构物承载力验算，符合规定后，方可允许车辆通行。

条文说明

对波纹钢管(板)涵的结构性回填范围、材料、施工方法、顶部填土的最小厚度均作了明确规定。波纹钢管(板)涵的成败关键在于是否按上述规定执行到位。如果严格按设计、施工条款和检验标准去做，波纹钢管(板)涵不失为是一种较好的结构形式。

3.3.10 高填土涵洞减荷载措施应符合下列规定：

1 采用中松侧实法或柔性填料法之后应保证路堤的稳定性和路面不发生过大的沉降。

2 采用先填后挖施工时可在一定程度上降低涵顶的土压力集中程度，沟槽开挖面应竖直，且开挖宽度宜与涵洞宽度相当。

3 采用地基加固处理时，加固后的地基压缩模量不宜过高，能满足地基承载力要求即可，加固宽度应延伸至基底以外不小于 1 倍涵洞跨径的范围。

条文说明

列出三种高填土涵洞减荷载措施，是目前常用的减荷载、提高地基承载力的有效方法。

4 材料

4.1 一般规定

4.1.1 公路涵洞所使用的圬工材料的最低强度等级应符合表4.1.1的规定。

表4.1.1 圬工材料的最低强度等级

结构物种类	材料最低强度等级	砌筑砂浆最低强度等级
涵身上部	MU50 石材 C25 混凝土(现浇) C30 混凝土(预制块)	M7.5
墩台、基础	MU30 石材 C25 混凝土(现浇) C25 混凝土(预制块)	M5

4.1.2 片石混凝土中片石的体积不应大于其总体积的20%,片石强度等级不应低于混凝土强度等级和本规范第4.1.1条规定的石材最低强度等级。片石混凝土各项强度、弹性模量和剪变模量可按同强度等级的混凝土采用。

4.1.3 累年最冷月平均温度低于或等于$-10℃$的地区,当无实践经验证明材料确有足够抗冻性能时,应做抗冻试验。所用石材的抗冻性指标,应符合下列规定:
1 石材应在含水饱和状态下经过$-15℃$冻结与20℃融化的循环25次。
2 试验后的材料应无明显损伤(裂缝、脱层),其强度不应低于试验前的0.75倍。

4.1.4 石材应具有耐风化和抗侵蚀性。用于浸水或气候潮湿地区的受力结构的石材,其在含水饱和状态下与干燥状态下的试件极限抗压强度比值不应低于0.8。

4.1.5 钢筋混凝土涵洞的混凝土强度等级不应低于C25。普通钢筋宜选用HPB300、HRB400、HRB500、HRBF400和RRB400钢筋。

4.1.6 波纹钢管(板)主体结构材料应符合下列规定:
1 螺旋波纹钢管、环形波纹钢管、波纹钢板件的材料采用碳素结构钢时,其性能应符合现行《碳素结构钢》(GB/T 700)的规定。

2 螺旋波纹钢管、环形波纹钢管及波纹钢板件所用的钢板、钢带应符合现行《碳素结构钢和低合金结构钢热轧钢板和钢带》(GB/T 3274)的规定,其尺寸、外形、重量及允许偏差应符合现行《热轧钢板和钢带的尺寸、外形、重量及允许偏差》(GB/T 709)的规定。

3 采用连续热镀锌钢板及钢带加工波纹钢管、波纹钢板件时,其性能、尺寸、外形、重量及允许偏差应符合现行《连续热镀锌和锌合金镀层钢板及钢带》(GB/T 2518)的规定。

4.1.7 波纹钢管(板)的连接件、焊接材料、密封材料、防腐材料应符合国家和行业现行有关标准的规定。

条文说明

4.1.1~4.1.7 本节属于本章的共性规定,故将其列为"4.1 一般规定"。分别参考现行《公路圬工桥涵设计规范》(JTG D61)、《公路钢筋混凝土及预应力混凝土桥涵设计规范》(JTG 3362)、《公路涵洞通道用波纹钢管(板)》(JT/T 791)进行编写。

4.2 圬工材料

4.2.1 石材轴心抗压强度设计值f_{cd}和弯曲抗拉强度设计值f_{tmd}应按表4.2.1的规定采用。

表 4.2.1 石材强度设计值(MPa)

强 度 等 级	MU30	MU40	MU50	MU60	MU80	MU100	MU120
f_{cd}	7.95	10.59	13.24	15.89	21.19	26.49	31.78
f_{tmd}	0.55	0.73	0.91	1.09	1.45	1.82	2.18

注:表中所列石材强度等级采用边长70mm的含水饱和立方体试件的抗压强度(MPa)表示,抗压强度取3个试件的平均值。

4.2.2 不同尺寸的石材试件强度换算系数及石砌体的分类可按本规范附录A的规定采用。

4.2.3 混凝土轴心抗压强度设计值f_{cd}、弯曲抗拉强度设计值f_{tmd}和直接抗剪强度设计值f_{vd}应按表4.2.3的规定采用。

表 4.2.3 混凝土强度设计值(MPa)

强 度 等 级	C15	C20	C25	C30	C35	C40
f_{cd}	5.87	7.82	9.78	11.73	13.69	15.64
f_{tmd}	0.66	0.80	0.92	1.04	1.14	1.24
f_{vd}	1.32	1.59	1.85	2.09	2.28	2.48

注:表中所列混凝土强度等级采用边长150mm的立方体抗压强度标准值(MPa)。

4.2.4 砂浆砌体用砂浆的抗压强度设计值应按下列规定采用：

    1 混凝土预制块砂浆砌体用砂浆的抗压强度设计值 f_{cd} 应按表 4.2.4-1 的规定采用。

表 4.2.4-1 混凝土预制块砂浆砌体用砂浆的抗压强度设计值 f_{cd} (MPa)

砌块强度等级	砂浆强度	砂浆强度等级				
	0	M5	M7.5	M10	M15	M20
C15	1.26	2.84	3.21	3.58	4.31	5.05
C20	1.46	3.28	3.70	4.13	4.98	5.83
C25	1.63	3.67	4.14	4.62	5.57	6.52
C30	1.79	4.02	4.54	5.06	6.10	7.14
C35	1.93	4.34	4.90	5.47	6.59	7.71
C40	2.06	4.64	5.24	5.84	7.04	8.25

注：表中所列砂浆的强度等级采用边长 70.7mm 的标准立方体试件 28d 抗压强度（MPa）表示。抗压强度取 3 个试件的平均值。

    2 块石砂浆砌体用砂浆的抗压强度设计值 f_{cd} 应按表 4.2.4-2 的规定采用。

表 4.2.4-2 块石砂浆砌体用砂浆的抗压强度设计值 f_{cd} (MPa)

砌块强度等级	砂浆强度	砂浆强度等级				
	0	M5	M7.5	M10	M15	M20
MU30	1.05	2.37	2.67	2.98	3.59	4.21
MU40	1.21	2.73	3.09	3.44	4.15	4.86
MU50	1.36	3.05	3.45	3.85	4.64	5.43
MU60	1.49	3.35	3.78	4.22	5.08	5.95
MU80	1.72	3.86	4.37	4.87	5.87	6.87
MU100	1.92	4.32	4.88	5.44	6.56	7.68
MU120	2.10	4.73	5.35	5.96	7.19	8.42

注：对各类石砌体，应按表中数值分别乘以不同的系数——细料石砌体 1.5；半细料石砌体 1.3；粗料石砌体 1.2；干砌块石砌体可采用砂浆强度为零时的抗压强度设计值。

    3 片石砂浆砌体用砂浆的抗压强度设计值 f_{cd} 应按表 4.2.4-3 的规定采用。

表 4.2.4-3 片石砂浆砌体用砂浆的抗压强度设计值 f_{cd} (MPa)

砌块强度等级	砂浆强度	砂浆强度等级				
	0	M5	M7.5	M10	M15	M20
MU30	0.16	0.55	0.63	0.70	0.84	0.98
MU40	0.19	0.64	0.72	0.81	0.97	1.14
MU50	0.21	0.71	0.81	0.90	1.09	1.27

续表 4.2.4-3

砌块强度等级	砂浆强度	砂浆强度等级				
	0	M5	M7.5	M10	M15	M20
MU60	0.23	0.78	0.88	0.99	1.19	1.39
MU80	0.27	0.90	1.02	1.14	1.37	1.61
MU100	0.30	1.01	1.14	1.27	1.54	1.80
MU120	0.33	1.11	1.25	1.39	1.68	1.97

注：干砌片石砌体可采用砂浆强度为零时的抗压强度设计值。

4 各类砂浆砌体用砂浆的轴心抗拉强度设计值 f_{td}、弯曲抗拉强度设计值 f_{tmd} 和直接抗剪强度设计值 f_{vd} 应按表 4.2.4-4 的规定采用。

表 4.2.4-4 砂浆砌体用砂浆的轴心抗拉、弯曲抗拉和直接抗剪强度设计值（MPa）

强度类别	破坏特征	砌体种类	砂浆强度等级				
			M5	M7.5	M10	M15	M20
f_{td}	齿缝	规则砌块砌体	0.052	0.063	0.073	0.090	0.104
		片石砌体	0.048	0.059	0.068	0.083	0.096
f_{tmd}	齿缝	规则砌块砌体	0.061	0.074	0.086	0.105	0.122
		片石砌体	0.072	0.089	0.102	0.125	0.145
	通缝	规则砌块砌体	0.042	0.051	0.059	0.073	0.084
f_{vd}	—	规则砌块砌体	0.052	0.063	0.073	0.090	0.104
		片石砌体	0.120	0.147	0.170	0.208	0.241

注：1. 砌体龄期为 28d。
2. 规则砌块砌体包括块石砌体、粗料石砌体、半细料石砌体、细料石砌体、混凝土预制块砌体。
3. 规则砌块砌体在齿缝方向受剪时，系通过砌块和灰缝剪破。

4.2.5 小石子混凝土砌块石、片石砌体用小石子混凝土的强度设计值，应分别按表 4.2.5-1、表 4.2.5-2 和表 4.2.5-3 的规定采用。

表 4.2.5-1 小石子混凝土砌块石砌体用小石子混凝土的轴心抗压强度设计值 f_{cd}（MPa）

石材强度等级	小石子混凝土强度等级					
	C15	C20	C25	C30	C35	C40
MU30	3.79	4.48	—	—	—	—
MU40	4.38	5.17	5.92	6.63	—	—
MU50	4.90	5.78	6.61	7.42	8.19	8.95
MU60	5.36	6.33	7.24	8.12	9.98	9.80
MU80	6.19	7.31	8.37	9.38	10.36	11.32
MU100	6.93	8.17	9.35	10.49	11.59	12.65
MU120	7.59	8.95	10.25	11.49	12.69	13.86

注：砌块为粗料石时，轴心抗压强度为表值乘以 1.2；砌块为细料石、半细料石时，轴心抗压强度为表值乘以 1.4。

表 4.2.5-2　小石子混凝土砌片石砌体用小石子混凝土的轴心抗压强度设计值 f_{cd}（MPa）

石材强度等级	小石子混凝土强度等级			
	C15	C20	C25	C30
MU30	1.85	1.95	—	—
MU40	2.16	2.31	2.42	2.50
MU50	2.43	2.62	2.77	2.88
MU60	2.67	2.91	3.09	3.23
MU80	3.17	3.49	3.74	3.94
MU100	4.17	4.63	5.00	5.30
MU120	5.36	5.99	6.51	6.94

表 4.2.5-3　小石子混凝土砌块石、片石砌体用小石子混凝土的轴心抗拉、弯曲抗拉和直接抗剪强度设计值（MPa）

强度类别	破坏特征	砌体种类	小石子混凝土强度等级					
			C15	C20	C25	C30	C35	C40
f_{td}	齿缝	块石砌体	0.175	0.202	0.226	0.247	0.267	0.285
		片石砌体	0.260	0.301	0.336	0.368	0.398	0.425
f_{tmd}	齿缝	块石砌体	0.205	0.237	0.265	0.290	0.313	0.335
		片石砌体	0.300	0.349	0.387	0.427	0.461	0.493
	通缝	块石砌体	0.142	0.164	0.183	0.201	0.217	0.232
f_{vd}	—	块石砌体	0.175	0.202	0.226	0.247	0.267	0.285
		片石砌体	0.260	0.301	0.336	0.368	0.398	0.425

注：其他规则砌块砌体强度值为表内块石砌体值乘以不同系数——粗料石砌体 0.7；细料石、半细料石砌体 0.35。

4.2.6 混凝土及各类砌体的受压弹性模量应分别按表 4.2.6-1、表 4.2.6-2 的规定采用。混凝土和砌体的剪变模量 G_c 和 G_m 应分别取其受压弹性模量的 0.4 倍。

表 4.2.6-1　混凝土的受压弹性模量 E_c（MPa）

混凝土强度等级	C15	C20	C25	C30	C35	C40
弹性模量	2.20×10^4	2.55×10^4	2.80×10^4	3.00×10^4	3.15×10^4	3.25×10^4

表 4.2.6-2　各类砌体的受压弹性模量 E_m（MPa）

砌体种类	砂浆强度等级				
	M5	M7.5	M10	M15	M20
混凝土预制块砌体	$1500 f_{cd}$	$1600 f_{cd}$	$1700 f_{cd}$	$1700 f_{cd}$	$1700 f_{cd}$
粗料石、块石及片石砌体	4 000	5 650	7 300	7 300	7 300
细料石、半细料石砌体	12 000	17 000	22 000	22 000	22 000
小石子混凝土砌体	$2100 f_{cd}$				

4.3 钢筋混凝土材料

4.3.1 混凝土轴心抗压强度标准值 f_{ck} 和轴心抗拉强度标准值 f_{tk} 应按表 4.3.1 的规定采用。

表 4.3.1 混凝土强度标准值（MPa）

强度类别	强度等级					
	C25	C30	C35	C40	C45	C50
f_{ck}	16.7	20.1	23.4	26.8	29.6	32.4
f_{tk}	1.78	2.01	2.20	2.40	2.51	2.65

注：抗压强度标准值系指试件用标准方法制作，养护至28d龄期，以标准试验方法测得的具有95%保证率的抗压强度（以MPa计）。

4.3.2 混凝土轴心抗压强度设计值 f_{cd} 和混凝土轴心抗拉强度设计值 f_{td} 应按表 4.3.2 的规定采用。

表 4.3.2 混凝土强度设计值（MPa）

强度类别	强度等级					
	C25	C30	C35	C40	C45	C50
f_{cd}	11.5	13.8	16.1	18.4	20.5	22.4
f_{td}	1.23	1.39	1.52	1.65	1.74	1.83

注：计算现浇钢筋混凝土轴心受压和偏心受压构件时，如截面的长边或直径小于300mm，表中数值应乘以系数0.8；当构件质量（混凝土成型、截面和轴线尺寸等）确有保证时，可不受此限。

4.3.3 混凝土受压或受拉时的弹性模量 E_c 应按表 4.3.3 的规定采用。

表 4.3.3 混凝土的弹性模量（MPa）

混凝土强度等级	C25	C30	C35	C40	C45	C50
E_c	2.80×10^4	3.00×10^4	3.15×10^4	3.25×10^4	3.35×10^4	3.45×10^4

注：当采用引气剂及较高砂率的泵送混凝土且无实测数据时，表中C50的 E_c 值应乘以折减系数0.95。

4.3.4 普通钢筋抗拉强度标准值 f_{sk}、抗拉强度设计值 f_{sd} 和抗压强度设计值 f'_{sd} 应按表 4.3.4 的规定采用。

表 4.3.4 普通钢筋抗拉强度标准值及抗拉、抗压强度设计值（MPa）

钢筋种类	符号	公称直径 d(mm)	f_{sk}	f_{sd}	f'_{sd}
HPB300	Φ	6~22	300	250	250
HPB400 HRBF400 RRB400	Φ Φ^F Φ^R	6~50	400	330	330
HRB500	Φ	6~50	500	415	400

注：1. 钢筋混凝土轴心受拉和小偏心受拉构件的钢筋抗拉强度设计值大于330MPa时，仍应按330MPa取用。
2. 构件中配有不同种类的钢筋时，每种钢筋应采用各自的强度设计值。

4.3.5 普通钢筋的弹性模量 E_s 应按表4.3.5的规定采用。

表4.3.5 普通钢筋的弹性模量 E_s（MPa）

钢筋种类	弹性模量
HPB300	2.1×10^5
HRB400、HRB500 钢筋 HRBF400 钢筋 RRB400 钢筋	2.0×10^5

4.4 波纹钢管(板)材料

4.4.1 螺旋波纹钢管、环形波纹钢管、波纹钢板件等主体结构材料应采用低合金高强度结构钢、碳素结构钢和桥梁用结构钢等。低合金高强度结构钢宜采用 B 级、C 级、D 级；碳素结构钢及桥梁用结构钢宜采用 B 级、C 级、D 级。

条文说明

目前在修建波纹钢管(板)涵时，常用主体结构材料厚度不大于12mm，故只给出了小于或等于16mm的钢材指标，即钢材牌号 Q235、Q345。

4.4.2 连接件材料可按下列规定采用：
1 管箍、法兰盘的材料采用碳素结构钢时，其性能应符合现行《碳素结构钢》（GB/T 700）的规定。
2 高强度螺栓预拉力设计值 P_d 应按表4.4.2的规定采用。

表4.4.2 高强度螺栓预拉力设计值 P_d(kN)

螺栓的性能等级	螺栓公称直径(mm)				
	M20	M22	M24	M27	M30
8.8S	125	150	175	230	280
10.9S	155	190	225	290	355

条文说明

只列出目前在修建波纹钢管(板)涵时常用的连接件材料，其螺栓主要采用高强度螺栓，而普通螺栓不常用，故只给出高强度螺栓的预拉力设计值。

4.4.3 防腐材料可按下列规定采用：
1 热浸镀锌防腐处理所用的锌应符合现行《锌锭》（GB/T 470）规定的1号锌或0号锌，镀锌前钢表面除锈处理的最低等级为 Sa2.5。

2　热浸镀锌层技术质量应满足表4.4.3的要求。
3　防腐材料及工艺也可采用其他新材料、新工艺。

表4.4.3　热浸镀锌质量要求

项　目	要　求
单面附着量（g/m²）	强腐蚀性环境：波纹钢管、波纹钢板件和管箍≥600；螺栓、螺母≥350。中等腐蚀性和弱腐蚀性环境：波纹钢管、波纹钢板件和管箍≥300；螺栓、螺母≥175
镀锌层附着性	镀锌层应与金属结合牢固，经锤击试验不剥离、不凸起
外观质量	镀锌层应均匀完整、颜色一致，无漏镀缺陷，表面光滑，不允许有流挂、滴瘤或结块
镀锌层均匀性	镀锌层应均匀，无金属铜的红色沉积物
镀锌层耐盐雾性	耐盐雾性试验后，基材不应出现腐蚀现象

注：强腐蚀性指金属表面均匀腐蚀大于0.5mm/年；中等腐蚀指金属表面均匀腐蚀为(0.1~0.5)mm/年；弱腐蚀性指金属表面均匀腐蚀小于0.1mm/年。

条文说明

由于新技术、新产品和新材料的高速发展，在防腐材料及工艺上鼓励采用先进、有效的新材料、新工艺。

5 涵洞布设

5.1 一般规定

5.1.1 基本资料的收集应包括下列内容：
1 沿线地形图，以能获得汇水区流域面积、主河沟纵横坡度等资料为原则；
2 地质特征资料和区域地质图；
3 多年平均降雨量，与设计洪水频率相对应的 24h 降雨量及雨力等；
4 涵位附近上下游坝、闸、渠等水利设施的修建情况和水文资料；
5 地区性洪水计算方法、历史洪水资料、各河沟已有洪水计算成果；
6 现有排灌系统及规划方案图，各排灌渠的设计断面、流量、水位等；
7 对改扩建工程，还应收集有关既有涵洞测设、施工及竣工资料，了解涵洞的使用、养护、水毁等情况。

5.1.2 初步设计阶段涵洞的布设应通过外业布设和调查，基本确定涵洞的位置、结构类型及主要尺寸，除应符合现行《公路勘测规范》(JTG C10)、《公路工程地质勘察规范》(JTG C20)的规定外，尚应符合下列规定：
1 经现场勘测和调查确定涵洞的位置，对地形及水文条件复杂的涵洞、改沟工程、人工排灌渠道等应进行高程与断面测量。
2 征求当地群众和有关部门对拟建涵洞的意见。现场初步选定涵洞类型、洞口形式及防护工程类型。涵洞位于村庄附近时，应调查历史洪水位、常水位、沟床冲淤及漂浮物等情况。
3 调查涎流冰、泥石流及既有涵洞现状、结构类型、基础埋深、冲淤变化、运用情况等。
4 勾绘涵址汇水面积，进行必要的水文、水力计算。
5 采用调查、挖探、钻探相结合的方法了解涵址处地基承载力、地质构造和地下水情况及其对构造物的稳定性影响等。
6 对改扩建工程，还应查明原涵洞的位置、结构形式、荷载标准、跨径、高度、长度、基础形式及埋置深度、修建年代、损毁修复等情况及利用的程度。

5.1.3 施工图设计阶段涵洞布设应在初步设计资料的基础上，进行详细的调查、核实、补充或修正，确定涵洞的位置、孔数孔径、结构类型及各部尺寸，并应符合下列规定：

1 涵洞可绘制涵址平面示意图。对地形及水文条件复杂的涵洞，应绘制涵址地形图。增绘地面等高线，洪水泛滥线，涵洞及调治构造物位置，改沟位置，改扩建工程既有墩台，进、出口及铺砌的位置和高程等。

2 沿路线方向的涵址中线沟渠断面，当沟渠与路线正交时，即为沟渠的横断面。若沟形复杂，洞口不易布置时，可选择上、下游洞口附近补充断面。当路幅较宽、斜交角度较大时，尚应增加必要的垂直沟渠的横断面。

3 沟渠纵断面应示出沟渠纵坡、冲淤情况、涵址桩号、路基设计高程、历史洪水位和设计水位的水面线。对改扩建工程，尚应增加既有涵洞，进、出口铺砌加固等构造物的位置和高程等。

4 对存在不良地质的涵洞或移位、新增涵洞，其地基的地层岩性、地质构造及岩土承载力应进行补充地质勘探。

条文说明

3 沟渠纵断面多指涵址河沟纵断面，是用于涵址纵横向布置以及河道开挖、河床加固等设计的需要。

5.1.4 一阶段施工图设计涵洞布设，应按本规范第 5.1.3 条的要求进行；技术设计阶段涵洞布设，应按本规范第 5.1.2 条的要求进行。

5.2 平面布设

5.2.1 涵洞平面布设应遵循下列原则：

1 应根据沿线地形、地质、水文等条件，结合路线排水系统，适应农田排灌，经济合理地布设涵洞，并应满足本规范第 1.0.5 条规定设计洪水频率的排洪能力。

2 三级公路上的漫水涵洞或过水路面在 1/25 设计洪水频率时，应满足车辆能安全通行。车辆通行的涵(路)面水深不应大于 0.3m。四级公路上的漫水涵洞或过水路面在 1/25 设计洪水频率时，可有限度中断交通，其中断时间可按具体情况决定。

3 涵洞位置应符合路线线形布设规定，当不受线形布设限制时，宜将涵洞位置选择在地形有利、地质条件良好、地基承载力较高、沟床稳定的河(沟)段上。

4 在跨越排水沟槽处、通过农田排灌渠道处、平原区路线通过较长的低洼或泥沼地带、傍山或沿溪路线暴雨时径流易集中地带以及边沟排水需要时，均应设置涵洞。地形条件许可时，经过技术经济比较，可并沟设涵。

5 当涵洞距下游汇入河道较近时，应考虑下游河道的设计水位及冲淤变化对涵洞净高和基础埋深的影响。

6 在农灌区应与农田排灌系统相配合。当需要局部改变原有系统时，不应降低原有排灌功能。

7 涵洞位置的布设，宜与水流方向一致，避免因涵洞布设不当，引起上游水位壅高，淹没农田、村庄和路基，引起下游流速过大，加剧冲蚀沟岸及路基。

8 涵洞的设置应综合考虑施工和养护维修的要求，减少建设和养护费用。

9 沿线涵洞布设密度应根据地形、地貌、水文及农田排灌等自然条件确定，但考虑路基施工压实方便，涵洞间距不宜小于50m。

10 排洪涵洞和交通涵洞宜分别设置。设置排洪涵洞兼交通涵洞时，应详细分析历史洪水情况，采取必要的防洪安全措施。

条文说明

10 排洪涵洞和交通涵洞虽然在结构设计上基本相同，可相互借鉴，但其使用功能不同，前者为排洪，后者为通行人、畜和车辆，所以要求原则上宜分别设置。两者合并兼用时，则需采取必要的防洪、照明等安全措施，确保人、畜和车辆的通行安全。

5.2.2 山区涵洞平面布设应符合下列规定：

1 山岭地区宜一沟一涵。在降雨量大或者暴雨集中且山坡植被很稀疏的地区，河沟均不宜合并设涵。当汇水区很小，两河沟相距很近，又具备沟通的条件下，通过技术经济比较，可合并设涵，但应注意修建必要的防护工程。

2 涵洞的布设应符合水流方向，不宜为减短涵长而正交布设。

3 在截水沟排水出口处应布设涵洞，避免水顺边沟流经距离过长而冲刷路面和路基。

4 路线的转角大于90°，曲线半径较小，弯道前的纵坡大于4%，且在200m内又无其他涵洞时，在弯道地点附近应布设涵洞。

5 路线沿水流方向由陡坡(≥5%)段过渡到缓坡(≤3%)段，在此200m内又无其他涵洞时，在变坡点附近应布设涵洞。

条文说明

1 在山区一般为一沟一涵，通常不改变河沟路径，将两沟合并设涵；即使在汇水区很小，两沟相距很近，又具备沟通条件下，尚需通过技术经济比较，方可合并设涵，但需修建必要的防护工程。

5.2.3 山前区(丘陵地带)涵洞平面布设应符合下列规定：

1 流量较大、水流集中的丘陵河沟，可集中设置涵洞；当流量较小、水流分散时，可采用分散与集中相结合的方法布设沿线涵洞。

2 丘陵区宽谷槽田地带，可将涵洞布设在地质条件较好的山坡坡脚或溪沟边岸附近。

3 在漫流无显著沟槽地带，可采取分片泄洪的原则，结合水流出路选择低洼处布设涵洞，但不应过分集中布设。

4 在山口冲积扇地区，应分散布设涵洞，不应强行改沟引至低洼处。两冲积扇间洼地，也应布设涵洞。

5 路线跨越弯曲的河沟时，在地形条件许可的情况下，可进行裁弯取直，改移河沟，使水流畅通，并尽量与路线正交。当路线跨越弯曲的沟谷处为坚硬的岩石，且涵身很长时，不易改沟设涵，可将涵身设为曲线形，确保水流畅通，节省工程量。

条文说明

3 当路线通过不受上游集中山洪影响，且无明显沟槽的平坦戈壁滩、草原、沼泽、盐碱地等地区时，因暴雨后分散的水流汇集成片，一经筑路拦截，水流集中危害路基，因此涵洞沿线布设不要过稀，可以按分片宣泄洪水的原则，结合水流出路选择低洼处设置涵洞，但需在两涵之间迎水面设置人字形分水堤。

5.2.4 平原区涵洞平面布设应符合下列规定：

1 应根据农业灌溉所需的天然河沟和人工渠道位置，按天然排灌系统布设涵洞，避免因改沟合并占用农田和破坏既有的耕作和排灌系统。

2 对人工排灌渠道，应与当地有关部门协商涵址及孔径，避免调查不彻底，造成施工期间或工后增补涵洞。

3 在路线通过较长的低洼、泥沼地段时，应向当地居民、有关部门详细了解水流趋向，在适当的位置设置涵洞。

4 路线靠近村庄时，涵洞布设应能排除村内沥水，且涵洞的出水口设置应不危及农田和房屋。

5 在有长期积水的低洼地段，应设置涵洞，降低路基两侧水位差。

6 当河沟严重弯曲、分叉时，可改沟取直或合并设正交涵。移位后的涵洞，上游应有1.5倍河槽宽的直沟段长度，下游以占地面积及工程量最小为原则；宜设置上下游防护工程，防止引起上游水位壅高，造成淹没农田、村庄，或流速增大加剧下游沟岸与耕地的冲蚀。

条文说明

4 当路线靠近村庄时，要注意顺村庄的水流出路设置涵洞，以便及时排出村内的地面积水，且涵洞的出水口设置不能危及农田和房屋安全。在施工中因涵洞的位置与当地村庄引起纠纷的事例较多，因此在设计中应详细调查并与当地村庄协商达成一致意见，以免施工中涵洞移位。

5.2.5 不良地质地段及特殊条件下的涵洞平面布设应符合下列规定：

1 路线穿过泥石流地段时，涵洞可布设在流通区的最窄处，且孔径应适当增大，净高应比流动泥石流的平衡高度高出 1.0m 以上。

 2 在软土泥沼地段，涵洞应选择在泥沼覆盖层较浅或厚度较薄的地带布设，便于地基基础的处理。

 3 在水库回水区段，涵洞应布设在水库正常蓄水位以上。地形地质条件允许时，可将涵洞移建于岸坡上。

 4 在流速或流量较大或深窄河沟两岸横向坡度较大的情况下，当河沟水流方向与路线不垂直时，宜将涵洞斜交布设，其斜度不宜大于45°。

 5 在路基高填地段，当河沟边坡稳定、岩土密实时，可将涵址从沟底移至岸坡上。

5.3 立面布设

5.3.1 涵洞立面布设应符合下列规定：

 1 应根据实际地形、地质及水文等条件进行涵洞立面布设，确保涵洞基础稳定，涵底不冲不淤。

 2 山岭重丘地区河沟纵坡较陡，水流流速较大，涵洞立面布设应结合具体地形地质情况，设置缓坡涵或陡坡涵。

 3 平原微丘地区河沟纵坡较平缓，水流流速较小，设在天然河床上的涵洞，其铺砌顶面高程及坡度应与天然沟底高程及沟底纵坡基本一致。

条文说明

 3 在平原微丘地区，因地形平坦，河沟纵坡较平缓，水流流速较小，设在天然河床上或集散排水的较低洼处的涵洞立面布置，其原则是铺砌顶面高程及坡度要与天然沟底或低洼处高程及纵坡基本一致。在本规范修订调研时，在平原区发现很多涵洞已堵死，或涵前一片积水，根本无法排水，究其原因是涵底高程和纵坡设置不当，也有涵洞孔径偏小原因造成的。

5.3.2 山岭重丘区陡坡涵洞立面布设应符合下列规定：

 1 对纵坡小于10%的土质地基河沟，或纵坡小于30%的轻度风化岩石地基河沟，可采用斜置式陡坡涵。涵底铺砌纵坡和原河沟纵坡基本一致时，涵洞基底可设置为齿状基础或台阶形基础，出口段可设置为扶壁式。

 2 对纵坡大于或等于10%的土质地基河沟，或纵坡大于或等于30%的轻度风化岩石地基河沟，可采用台阶平置式阶梯涵。阶梯分节长度宜大于或等于2m，相邻两节的最大高差应小于或等于$0.75d$（d 为上部构造厚度）；也可使相邻两节的高差大于d，在两节接头处加砌挡墙，但应满足两节高差小于或等于0.7m 或小于或等于$h_d/3$（h_d 为涵洞净高）。

 3 当河沟底天然纵坡变化较大时，可适应地形条件布设成缓坡及陡坡并用的（涵底为不等长、不等高差的台阶形式）平置式坡涵。

条文说明

陡坡涵的设置，要求充分利用地形和地质条件，既要布置的经济合理，又要保证结构物的稳定性。阶梯涵的沉降缝一般设在台阶落差断面，并结合地质及基础变化情况设置，以防止地基的不均匀沉降而产生断裂。

5.3.3 山岭重丘区缓坡涵洞立面布设应符合下列规定：

1 当河沟中纵坡较小且涵长较短时，可按下游洞口沟床高程，以3%左右的缓坡向上延伸设置涵底铺砌。上游的铺砌应选择合适的坡率与原沟底面连接。涵底基础根据河沟纵坡情况设置为平置式或斜置式。

2 当河沟纵坡较大且小于15%，如地质条件良好，基底有足够的强度且纵向、横向均匀一致时，若附近有大量石方可利用，可将涵洞基础以缓坡形式设置在紧密砌石基底上。当上游砌石与原沟底面平顺衔接，下游洞口坡度较陡、流速较大时，应采取适当的消能措施。

5.3.4 平原微丘区涵洞立面布设应符合下列规定：

1 当河沟纵坡小于或等于3%，且涵长小于或等于15m时，涵洞基底可水平设置，涵底铺砌纵坡可采用1%~3%。

2 当河沟纵坡大于3%，且小于或等于6%时，涵底铺砌可采用与天然河沟相同的纵坡。涵洞基础底面，当河沟纵坡较小时，可设置为平置式；当河沟纵坡较大时，可设置为斜置式。

3 当路线以路堑形式通过灌溉沟渠且不满足建设渡槽的净空要求时，可采用竖井式倒虹吸管涵洞，其立面布设应使出水口铺砌顶面高程低于进水口高程，涵身底部顺水流向纵坡可采用1%~3%。

条文说明

3 当路线穿过沟渠，路堤高度较低，不足以修建明涵时，或因灌溉需要，需提高渠底建筑，架空渡槽又不能满足路上净空高度时，可以修建倒虹吸涵洞，但其造价较高，接头处易漏水，又极易淤塞，养护困难，尽量少采用。

6 涵洞水文计算

6.1 一般规定

6.1.1 设计洪水应符合本规范第 1.0.5 条规定频率的年最大洪水流量。

6.1.2 设计洪水分析与计算可根据当地资料情况及地区特点，采用多种方法，经核对比较后，选用合理的分析计算成果。

6.1.3 山区、丘陵区涵洞可按暴雨推理法、径流形成法或地区性经验公式计算设计流量。

6.1.4 平原区涵洞可用形态调查法，利用历史洪水位推算设计流量；也可利用地区性经验公式计算设计流量。

6.1.5 在同一河沟上、下游附近存在已建涵洞，且能调查到可靠的涵前洪水积水高度及相应的洪水频率时，可采用直接类比法推算设计流量。

6.1.6 人工排灌渠道的设计流量和水位，可直接采用排灌渠道的设计成果。

6.2 暴雨推理法

6.2.1 暴雨推理法可用于汇水面积小于 100km² 的小流域。

6.2.2 暴雨推理法可按式(6.2.2-1)～式(6.2.2-5)计算：

$$Q_P = 0.278\left(\frac{S_P}{\tau^n} - \mu\right)F \tag{6.2.2-1}$$

式中：Q_P——设计流量(m³/s)；

S_P——设计雨力(mm/h)，查本规范附录 B 图 B-1～图 B-3；

τ——汇流时间(h)；汇流时间 τ 按式(6.2.2-2)、式(6.2.2-3)计算：

$$北方可采用 \tau = K_3\left(\frac{L}{\sqrt{I_Z}}\right)^{\alpha_1} \tag{6.2.2-2}$$

$$南方可采用 \tau = K_4 \left(\frac{L}{\sqrt{I_Z}}\right)^{\alpha_2} S_P^{-\beta_3} \tag{6.2.2-3}$$

K_3、K_4——系数，查本规范附录 B 表 B-1；

L——主河沟长度(km)；

I_Z——主河沟平均坡度(‰)；

α_1、α_2、β_3——指数，查本规范附录 B 表 B-1；

n——暴雨递减指数，查本规范附录 B 图 B-4 和表 B-2，表中 n_1、n_2、n_3 由 τ 值分查；

μ——损失参数(mm/h)，损失参数 μ 按式(6.2.2-4)、式(6.2.2-5)计算：

$$北方可采用 \mu = K_1 S_P^{\beta_1} \tag{6.2.2-4}$$

$$南方可采用 \mu = K_2 S_P^{\beta_2} F^{-\lambda_1} \tag{6.2.2-5}$$

K_1、K_2——系数，查本规范附录 B 表 B-3，表中土与植被分类，查本规范附录 B 表 B-4；

β_1、β_2、λ_1——指数，查本规范附录 B 表 B-3；

F——汇水面积(km²)。

6.2.3 暴雨推理法经验公式在公路以及其他相关行业和部门均有不同的公式形式，可供使用。各省(自治区)、地市水利部门的地区性流量经验公式，也可参照使用。

条文说明

暴雨推理法是一种半理论半经验的计算方法，通过损失参数和汇流时间，体现地区的差异性。

由于我国幅员辽阔，各地气候、地形、地貌、地质和水利化措施等条件的差异性很大，难以收集各种水文资料和逐地调查，所以制定的公式及参数、系数、指数等难以覆盖全国各地情况，仅适用于本规范附录 B 列出的省(自治区、直辖市)，没有列出的省(自治区、直辖市)可采用实测资料验证参数、系数、指数，对比分析结果，然后采用原公式的形式推算设计洪峰流量。

由于观测资料的局限性和公式本身的一些概化假定，在某些情况下，可能有较大的出入，通常结合工点具体情况灵活使用，并以多种方法计算，合理采用计算结果。

其参数、系数、指数尽量采用工点所在地区的水文手册值。

南方、北方以秦岭淮河为界。

6.3 径流形成法

6.3.1 径流形成法可用于汇水面积不大于 30km² 的小流域。

6.3.2 径流形成法可按径流简化公式计算：

$$Q_P = \psi(h-z)^{\frac{3}{2}} F^{\frac{4}{5}} \beta \gamma \delta \tag{6.3.2}$$

式中：Q_P——设计流量(m^3/s)；

ψ——地貌系数，可查本规范附录 B 表 B-5；

h——径流厚度(mm)，由本规范附录 B 表 B-6、表 B-7、表 B-8 确定，可按规定频率查本规范附录 B 表 B-9；

z——被植物或坑洼滞留的径流厚度(mm)，可查本规范附录 B 表 B-10；

F——汇水面积(km^2)；

β——洪峰传播的流量折减系数，可查本规范附录 B 表 B-11；

γ——汇水区降雨量不均匀的折减系数，以汇水区的长度或宽度中小者计；当汇水区的长度或宽度小于 5km 时，可不予以考虑；不小于 5km 时，可查本规范附录 B 表 B-12；

δ——湖泊或小水库调节作用影响洪峰流量的折减系数，可查本规范附录 B 表 B-13。

6.3.3 径流流量经验公式在公路以及其他相关行业和部门均有不同的公式形式，各水文参数的取值宜根据当地具体资料确定，也可按地区性流量经验公式计算。

条文说明

该公式已在全国使用多年，除个别省(自治区、直辖市)外，几乎覆盖全国，是公路部门目前普遍使用的一种小流域供水流量计算方法。

由于暴雨分区比较粗略，不一定符合各地的实际情况，特别是按汇水面积划分的汇流时间，分级比较粗略，故使径流厚度的确定相差较大，因此，在使用中要根据具体情况，正确选取较合理的汇水时间及相应的径流厚度。

6.4 形态调查法

6.4.1 当有可靠的历史洪水位调查资料时，形态调查法的适用范围可不受限制。

6.4.2 形态断面宜选在有较可靠的洪水调查资料的河段内。形态断面应与流向垂直，宜选在河段顺直、岸坡稳定、床面冲淤变化不大、泛滥宽度较小、断面比较规则、河槽在平面上无过大扩散或收缩、河沟床纵坡无急剧变化和无死水区及不受壅水影响的地方。当涵址断面符合形态断面条件时，涵址断面可作为形态断面。

6.4.3 根据形态断面处所调查到的比较可靠的历史洪水位，可按下列均匀流公式计算河槽、河滩的平均流速和洪峰流量。

$$v_c = \frac{1}{n_c} R_c^{\frac{2}{3}} I^{\frac{1}{2}} \quad (6.4.3\text{-}1)$$

$$v_t = \frac{1}{n_t} R_t^{\frac{2}{3}} I^{\frac{1}{2}} \quad (6.4.3\text{-}2)$$

$$Q = A_c v_c + A_t v_t \quad (6.4.3\text{-}3)$$

式中：Q——洪峰流量(m^3/s)；

A_c、A_t——河槽、河滩过水面积(m^2)；

v_c、v_t——河槽、河滩平均流速(m/s)；

n_c、n_t——河槽、河滩糙率；

R_c、R_t——河槽、河滩水力半径(m)，当宽深比大于10时，可用平均水深代替；

I——水面比降。

6.4.4 形态断面处规定频率的设计流量可按式(6.4.4-1)~式(6.4.4-3)推算：

1 按流量模比系数推算：

$$Q_P = \frac{K_p}{K_n} Q \quad (6.4.4\text{-}1)$$

式中：Q_P——形态断面处规定频率的设计流量(m^3/s)；

K_p——规定频率的模比系数，可根据本规范附录B表B-14查表B-15；

K_n——调查的历史洪水频率模比系数，可根据本规范附录B表B-14查表B-15；

Q——形态断面处相应于所调查的历史洪水位洪峰流量(m^3/s)。

2 按多年平均流量推算：

$$Q_P = (1 + C_v \phi_p) \overline{Q} = K_p \overline{Q} \quad (6.4.4\text{-}2)$$

式中：ϕ_p——离均系数；

$\overline{Q}$——多年平均洪峰流量(m^3/s)。

3 按周期换算系数推算：

$$Q_P = MQ \quad (6.4.4\text{-}3)$$

式中：M——令已知频率的周期换算系数$M=1$时，查本规范附录B表B-16得的规定频率时的周期换算系数；

Q——调查得的已知频率时的某一历史洪峰流量或多年平均洪峰流量(m^3/s)。

6.4.5 拟建涵洞处设计流量可按下列规定推算：

1 当形态断面处与拟建涵洞处估计两者汇水面积或流量相差±10%以内时，可不进行涵址换算，即认为形态断面处规定频率对应的洪峰流量等于拟建涵洞处规定频率对应的设计流量。

2 当形态断面处与拟建涵洞处两者汇水面积或流量相差较大时，可按式(6.4.5-1)推求：

$$Q_\mathrm{S} = \frac{F_2^n B_2^m I_2^{\frac{1}{4}}}{F_1^n B_1^m I_1^{\frac{1}{4}}} Q_\mathrm{p} \qquad (6.4.5\text{-}1)$$

式中：Q_S——拟建涵洞处设计洪峰流量（m³/s）；

F_1、F_2——分别为形态断面和拟建涵洞处的汇水面积（km²）；

B_1、B_2——分别为形态断面和拟建涵洞处汇水区的平均宽度（km）；

I_1、I_2——分别为形态断面和拟建涵洞处的主河沟平均坡度，计算以小数计；

n——汇水面积的指数参数，大流域时取 1/2～2/3；$F \leqslant 30\mathrm{km}^2$ 时，取 0.8；

m——流域形状的指数参数，雨洪采用 1/3；

Q_p——形态断面处由拟建涵洞规定频率而定的洪峰流量（m³/s）。

3 当流域面积不超过 30km²，形态断面距涵洞处较近且两者地形无显著区别时，可按式(6.4.5-2)推算：

$$Q_\mathrm{S} = \left(\frac{F_2}{F_1}\right)^{0.8} Q_\mathrm{P} \qquad (6.4.5\text{-}2)$$

4 当无汇水面积资料，可通过调查实测形态断面处和拟建涵洞处的主河沟长度 L_1 和 L_2，可按下式推求：

$$Q_\mathrm{S} = \left(\frac{L_2}{L_1}\right)^{1.6} Q_\mathrm{P} \qquad (6.4.5\text{-}3)$$

式中：L_1、L_2——分别为形态断面和拟建涵洞处的主河沟长度（km）。

条文说明

形态调查法是用调查河沟形态断面与历史洪水位的手段，取得河沟某一过水断面在该洪水位下的过水面积、平均流速及洪水频率资料，据以推算拟建涵洞处设计流量的方法，是目前公路部门弥补水文资料不足较常用的一种方法。

6.5 直接类比法

6.5.1 直接类比法的适用范围可不受限制。

6.5.2 通过原有涵洞的洪峰流量应符合下列规定：

1 无压力式涵洞可按式(6.5.2-1)～式(6.5.2-4)计算：

$$Q = \varepsilon \varphi \omega_\mathrm{k} \sqrt{2g(H_0 - h_\mathrm{k})} \qquad (6.5.2\text{-}1)$$

$$v_\mathrm{k} = \frac{Q}{\varepsilon \omega_\mathrm{k}} \qquad (6.5.2\text{-}2)$$

$$H_0 = h_\mathrm{k} + \frac{v_\mathrm{k}^2}{2g\varphi^2} \qquad (6.5.2\text{-}3)$$

$$H = H_0 - \frac{v_0^2}{2g} \qquad (6.5.2\text{-}4)$$

式中：Q——通过原有涵洞的洪峰流量（m^3/s）；

ε——涵洞侧向压缩系数，对无升高管节的拱涵取$\varepsilon=0.96$，其他涵可取$\varepsilon=1.0$；

φ——流速系数，矩形涵$\varphi=0.95$；拱涵、圆管涵$\varphi=0.85$；

ω_k——临界断面处过水面积（m^2）；

g——重力加速度，取用9.80（m/s^2）；

H_0——涵前总水头（m），当$\dfrac{v_0^2}{2g}$很小时，$H_0=H$；

v_0——涵前行近流速（m/s）；

h_k——临界断面处临界水深（m），涵内收缩断面处水深$h_c=0.9h_k$；

v_k——临界断面处临界流速（m/s），涵内收缩断面处流速$v_c=\dfrac{v_k}{0.9}$；

H——涵前积水深（m）。

2 半压力式涵洞可按式（6.5.2-5）、式（6.5.2-6）计算：

$$Q=\varphi\omega_c\sqrt{2g(H_0-h_c)} \quad (6.5.2\text{-}5)$$

$$H_0=h_c+\dfrac{v_c^2}{2g\varphi^2} \quad (6.5.2\text{-}6)$$

式中：φ——流速系数，进水口不升高式$\varphi=0.85$，升高式（或流线型）$\varphi=0.95$；

ω_c——涵内收缩断面处过水面积（m^2）；

h_c——涵内收缩断面处水深（m），$h_c=0.6h_d$；

h_d——涵洞净高（m）；

v_c——涵内收缩断面处流速（m/s）。

3 压力式涵洞可按式（6.5.2-7）计算：

$$Q=\omega\sqrt{2g(H-h_t)\dfrac{1}{1+\xi+\dfrac{2gL}{C^2R}}} \quad (6.5.2\text{-}7)$$

式中：ω——涵洞过水断面面积（m^2）；

h_t——涵后天然水深（m），调查得来，或按式$h_t=H_0-\dfrac{v_y^2}{2g\varphi^2}$计算，$v_y$为允许（不冲刷）平均流速，查本规范附录B表B-17；φ为流速系数，查本规范附录B表B-18；

ξ——涵洞进水口摩阻系数，查本规范附录B表B-19；

L——涵洞长度（m）；

C——谢才系数，$C=\dfrac{1}{n}R^{\frac{1}{6}}$；

R——水力半径（m）；

n——糙率。

6.5.3 原有涵洞处的天然洪峰流量可按式(6.5.3)换算：

$$Q_t = SQ \qquad (6.5.3)$$

式中：Q_t——某一历史洪水位(或多年平均洪水位)时原有涵洞处天然的洪峰流量(m^3/s)；

S——积水换算系数，查本规范附录 B 表 B-20。

6.5.4 按涵洞规定设计频率推算原有涵洞处的洪峰流量，可按本规范第 6.4.4 条的规定进行推算。

6.5.5 拟建涵洞处设计流量的推求，可按本规范第 6.4.5 条的规定进行推求。

条文说明

直接类比法是以调查新建公路附近同一河沟上原有公路、铁路涵洞泄流情况入手，按水力计算方法反算其流量，借以推算拟建涵洞处设计流量的方法。其计算原理与形态调查法相近，只是用既有涵洞作为形态断面，代替人为设定的形态断面。

6.6 流量计算方法的比较与核对

6.6.1 流量计算方法的选择应符合下列规定：
1 当以暴雨资料为主推算小流域洪水流量时，可采用暴雨推理法、径流形成法。
2 当现场可以调查到比较可靠的历史洪水位时，可采用形态调查法、直接类比法。

条文说明

暴雨推理法，参变数是简化了的概略值，且暴雨指数 n 值的分区和岩土分类均较粗略。在实际应用中，参数和指数一般采用各地区编制的水文参数值。

径流形成法，暴雨分区及按汇水面积划分的汇流时间比较粗略。在实际应用中，尽量根据具体情况，正确选取较合理的汇流时间及相应的径流厚度。

形态调查法，是目前弥补按暴雨推理法或径流形成法计算中资料不足的最好方法。但不易调查出历史洪水位并确定相应的频率及准确地确定河沟床的糙率。同时对河床冲淤变化程度难以掌握，使流量计算结果偏大或偏小。为了获得较准确的结果，可以将形态调查法与前两种计算方法配合论证使用。

直接类比法，因其资料来自对原有涵洞的调查，故这种方法计算结果比较可靠，有条件时尽量首选。

6.6.2 流量计算成果应按下列规定进行核对：

1 宜根据当地实际情况，采用两种以上方法计算并互相核对比较。
2 通过调查研究，宜采用适合本地区的计算方法和有关参数。

6.6.3 流量计算成果应结合现场具体情况按下列要求加以验证：
1 应根据一定数量的洪水调查资料，对调查算得的流量与按公式计算值进行比较，修正公式算得的结果。
2 应通过调查既有涵洞通过的历史最大流量进行比较验证。

7 涵洞水力计算

7.1 一般规定

7.1.1 涵洞水力计算应保证设计洪水、漂浮物等的安全通过，确保路基及基底的稳定，满足排灌需要，避免对上、下游农田、房舍的不利影响，并考虑工程造价的经济合理。

7.1.2 根据公路等级，求得涵洞规定设计洪水频率的设计流量，结合河沟断面形态、地质和进出水口、沟床加固形式等条件初拟涵洞的类型、洞口式样和孔径后，应进行水力计算；并应验算涵内流速、水深和涵前壅水位。

7.1.3 新建涵洞应采用无压力式，在涵前允许壅水且有充分的技术经济比较依据时，方可采用半压力式或压力式涵洞。

条文说明

涵洞前水深可以低于涵洞净高，也可以高于涵洞净高，按涵前水深是否淹没洞口以及涵洞水流过水状态，分为无压力式、半压力式和压力式三种。

因为有压涵洞水压力较大，沉降缝容易漏水，危害基础及路堤的稳定性。既要求不透水，又要求能沉降自如，这样在构造上就比较复杂，因此要避免使用有压涵洞。所以涵洞要设计成无压力式的。

7.1.4 新建涵洞孔径宜采用标准跨径，最小 0.75m 跨径只适用于无淤积地区的灌溉渠道，排洪涵洞跨径不宜小于 1.0m。

7.1.5 涵洞内径或净高应考虑涵长的影响，但不宜小于 0.75m；寒冷地区的涵洞内径及净高还应考虑涎流冰的影响；当旧路改扩建时，如原涵洞状态良好，其孔径和长度可视具体情况而定。

7.1.6 人工排灌渠道上的涵洞，应依据排灌流量、过水断面和当地水利部门及有关单位意见确定其孔径。不宜压缩排灌渠道过水面积。天然河沟上的涵洞，可按河沟断面形态初拟孔径，不宜压缩设计洪水标准下河沟的天然排水面积。

7.1.7 冰冻地区不宜采用小孔径管涵和倒吸虹管涵洞。当有农田排灌需要，必须采用时，应在冻期前将管内积水排除，并将两端进、出口封闭。

7.1.8 无压力式涵洞内顶点至最高流水面的净空，应符合表7.1.8的规定。涵前水深应小于或等于涵洞净高的1.15倍。可不计涵前积水对设计流量的影响。

表7.1.8 无压力式涵洞净空高度 h_d(m)

涵洞进口净高或内径 h_d(m)	管 涵	拱 涵	板涵、箱涵
≤3	≥h_d/4	≥h_d/4	≥h_d/6
>3	≥0.75	≥0.75	≥0.5

7.2 涵洞孔径验算

7.2.1 无压力式涵洞的孔径计算应根据河沟断面形态初拟孔径后，按式(7.2.1-1)~式(7.2.1-6)验算涵内流速、水深和涵前壅水位。

1 临界流状态可按式(7.2.1-1)~式(7.2.1-6)计算：

$$v_k = \sqrt[3]{\frac{Q_P g}{\varepsilon B_k}} \tag{7.2.1-1}$$

$$A_k = \frac{Q_P}{\varepsilon v_k} \tag{7.2.1-2}$$

$$v_{qs} = \frac{v_k}{0.9} \tag{7.2.1-3}$$

$$h_{qs} = 0.9 h_k \tag{7.2.1-4}$$

$$h_q = h_{qs} + \frac{v_{qs}^2}{2g\varphi^2} - \frac{\overline{v}^2}{2g} \tag{7.2.1-5}$$

$$H_1 = H_{qs} + h_q \tag{7.2.1-6}$$

式中：v_k——涵内临界流速(m/s);

B_k——临界水深时的涵内净水面宽度(m);

g——重力加速度，取用9.80(m/s²);

ε——涵洞侧向压缩系数，对无升高管节的拱涵取 $\varepsilon=0.96$，其他涵可取 $\varepsilon=1.0$;

A_k——临界水深时的涵内净过水面积(m²);

v_{qs}——涵内收缩断面处流速(m/s);

h_{qs}——涵内收缩断面处水深(m);

h_k——临界水深(m),指临界断面处,铺砌面至临界水面的水深,按A_k值及涵内断面形式推算;

h_q——涵前积水深(m);

φ——流速系数,查本规范附录B表B-18;

$\bar{v}$——涵前行近流速(m/s);

H_1——涵前壅水位(m);

H_{qs}——涵前铺砌面高程(m)。

1)当 $H_2 > H_d + 1.3h_k + I(L - L_c)$ 时,应改按淹没流状态验算。

其中,H_2 为涵洞出口断面的设计水位(m);H_d 为涵洞出口断面铺砌面高程(m);I 为涵底纵坡;L 为涵长(m);L_c 为涵洞进口端至收缩断面间的距离,取 $1.5 \sim 2.5 (h_q - h_{qs})$。

2)当涵洞内铺砌面允许流速 $v_y < v_{qs}$ 时,应改变铺砌类型,使 $v_y \geq v_{qs}$。

3)当 H_1 超过涵前允许淹没水位时,应增大孔径。

2 淹没流状态可按式(7.2.1-7)~式(7.2.1-13)计算:

$$v_s = \varphi_0 \sqrt{2g(H_0 - H_2)} \qquad (7.2.1\text{-}7)$$

$$A = \frac{Q_P}{\varepsilon v_s} \qquad (7.2.1\text{-}8)$$

$$H_0 = H_1 + \frac{\bar{v}^2}{2g} \qquad (7.2.1\text{-}9)$$

$$H_1 = H_2 + \frac{v_s^2}{2g \varphi_0^2} - \frac{\bar{v}^2}{2g} \qquad (7.2.1\text{-}10)$$

$$\varphi_0 = \sqrt{\frac{1}{1 + \xi_1 + \xi_2}} \qquad (7.2.1\text{-}11)$$

$$\xi_2 = \frac{2gL}{C^2 R} \qquad (7.2.1\text{-}12)$$

$$C = \frac{1}{n} R^{\frac{1}{6}} \qquad (7.2.1\text{-}13)$$

式中:v_s——涵内设计流速(m/s);

φ_0——流速修正系数;

H_0——涵前水头高程(m);

A——涵内过水面积(m^2);

ξ_1——入口损失参数,查本规范附录B表B-19取用相应的摩阻系数 ξ_1 值;

ξ_2——沿程损失系数;

C——满宁流速系数;

n——涵内糙率,一般取用0.017或查取相关资料;

R——水力半径(m)。

1）当 $v_s > v_y$ 时，应改变铺砌类型，使 $v_y \geq v_s$，或增大孔径使 $v_s \leq v_y$。

2）当 H_1 超过涵前允许淹没水位时，应增大孔径；当 H_1 低于涵前允许淹没水位过多时，可考虑缩减孔径。

7.2.2 倒虹吸涵洞的孔径计算应符合下列规定：

1 倒虹吸过水面积应按式(7.2.2-1)~式(7.2.2-2)计算：

$$Q_P = \mu A \sqrt{2gZ} \quad (7.2.2\text{-}1)$$

$$\mu = \frac{1}{\sqrt{\sum_{i=1}^{5}\xi_i}} \quad (7.2.2\text{-}2)$$

式中：A——倒虹吸过水面积(m^2)；

Z——上、下游水位差(m)；

μ——水头损失综合系数；

$\sum_{i=1}^{5}\xi_i$——阻力系数之和。

2 阻力系数包括管径变化阻力系数、进口阻力系数、转弯阻力系数、沿程阻力系数和出口阻力系数等，各阻力系数应按下列规定确定：

1）管径变化阻力系数 ξ_1，应按表7.2.2-1确定。

表7.2.2-1 管径变化阻力系数 ξ_1

断面变化比 A_1/A_2		0.01	0.1	0.2	0.4	0.6	0.8	1.0
ξ_1	断面由小变大	0.98	0.81	0.64	0.36	0.16	0.04	0
	断面由大变小	0.45	0.39	0.35	0.28	0.20	0.09	0

注：A_1 为较小的断面面积；A_2 为较大的断面面积。

2）进口阻力系数 ξ_2，应按表7.2.2-2确定。

表7.2.2-2 进口阻力系数 ξ_2

进口边缘外形	ξ_2
边缘未作成圆弧形	0.5
边缘微带圆弧形	0.2~0.25
边缘轮廓很光滑	0.05~0.10

3）转弯阻力系数 ξ_3，转弯分为急弯和缓弯两种，转弯角 $\theta < 15°$ 时为缓弯，$\theta \geq 15°$ 时为急弯。急弯的阻力系数 ξ'_3 视 θ 角大小，应按表7.2.2-3确定。缓弯的阻力系数 ξ''_3，应按式(7.2.2-3)计算：

$$\xi''_3 = K\frac{\theta}{90°} \quad (7.2.2\text{-}3)$$

式中：θ——转弯角(°)；

K——系数，对矩形断面，应按表7.2.2-4确定，对圆形断面按表7.2.2-5确定。

表7.2.2-3 急弯阻力系数 ξ'_3

θ	15°	30°	45°	60°	90°
ξ'_3	0.025	0.110	0.260	0.490	1.200

表7.2.2-4 缓弯矩形断面 K 值

$b/2R$	0.1	0.2	0.3	0.4	0.5	0.6	0.7	0.8	0.9	1.0
K	0.12	0.14	0.18	0.25	0.40	0.64	1.02	1.55	2.27	3.23

注：b 为净宽(m)；R 为弯曲半径(m)。

表7.2.2-5 缓弯圆形断面的 K 值

r/R	0.1	0.2	0.3	0.4	0.5
K	0.13	0.14	0.16	0.21	0.29

注：r 为圆管半径(m)；R 为弯曲半径(m)。

4）沿程阻力系数 ξ_4，应按式(7.2.2-4)计算：

$$\xi_4 = \frac{2g\,n^2 L}{R^{\frac{4}{3}}} \tag{7.2.2-4}$$

式中：L——涵洞（包括两竖井）的沿程长度(m)；

R——水力半径(m)；

n——糙率，对混凝土洞身，采用0.013～0.014；对浆砌块石洞身，采用0.016～0.017。

5）出口阻力系数 ξ_5，宜采用1.0。

7.3 过水消能建筑物的水力计算

7.3.1 消力池的水力计算应符合下列规定：

1 初估消力池下挖深度 d，收缩断面的水深和流速可按图7.3.1和式(7.3.1-1)、式(7.3.1-2)计算：

$$v_c = \sqrt{2g(d + p + 1.5h_k - h_c)} \tag{7.3.1-1}$$

$$h_c = \frac{Q}{Bv_c} \tag{7.3.1-2}$$

式中：v_c——收缩断面流速(m/s)；

d——消力池下挖深度(m)；

p——跌坎距原沟底面的高度(m)；

h_k——跌坎上临界水深(m)；

h_c——收缩断面水深(m)；

Q——需通过的设计流量(m³/s)；

B——消力池宽度（m）。

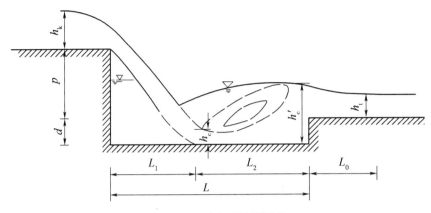

图 7.3.1 消力池计算图式

计算得的 h_c 与假定值比较；若相差较大，应将算得的 h_c 值代回式（7.3.1-1）和式（7.3.1-2）再计算 h_c。

2 计算 h_c 的水跃共轭水深 h'_c，可按式（7.3.1-3）计算：

$$h'_c = \frac{h_c}{2}\left[\sqrt{1 + 8\left(\frac{h_k}{h_c}\right)^3} - 1\right] \quad (7.3.1\text{-}3)$$

3 验算假定的池深，为了使消力池产生淹没式水跃，可按下式验算：

$$h_t + d = 1.1 h'_c \quad (7.3.1\text{-}4)$$

式中：h_t——下游天然正常水深（m）。

假定的池深 d 经试算至等式成立（相差不大于 5%）为止，d 即为确定池深。

4 水流的射流长度 L_1，可按式（7.3.1-5）计算：

$$L_1 = v_k \sqrt{\frac{2d + 2p + h_k}{g}} \quad (7.3.1\text{-}5)$$

5 水跃长度 L_2，消力池内的水跃是一种强迫形成的水跃，它的长度比自由水跃长度短，可按式（7.3.1-6）计算：

$$L_2 = 5(h'_c - h_c) \quad (7.3.1\text{-}6)$$

6 消力池的池长 L，可按式（7.3.1-7）计算：

$$L = L_1 + L_2 \quad (7.3.1\text{-}7)$$

7 水跃静定缓和所需的铺砌长度 L_0，由于水流发生水跃后仍存在剩余动能，需有一个静定缓和的过程，故池后加设一段铺砌长度 L_0，可按式（7.3.1-8）计算：

$$L_0 = (2.5 \sim 3.0) L_2 \quad (7.3.1\text{-}8)$$

7.3.2 消力槛的水力计算类似消力池，应计算槛高和消力池长度。消力池长度可按本规范式（7.3.1-7）计算；槛高 P_1 可按图 7.3.2 和式（7.3.2-1）~式（7.3.2-3）计算。

$$P_1 = \sigma h'_c - \left(\frac{q}{M\sigma_s}\right)^{\frac{2}{3}} + \frac{\alpha q^2}{2g(\sigma h'_c)^2} \quad (7.3.2\text{-}1)$$

1 槛上水深 H_1 和槛上总水头 H_{10} 的确定：

$$H_1 = H_{10} - \frac{\alpha q^2}{2g(\sigma h'_c)^2} \quad (7.3.2-2)$$

$$H_{10} = \left(\frac{q}{M\sigma_s}\right)^{\frac{2}{3}} \quad (7.3.2-3)$$

式中：q——单宽流量[m³/(s·m)]，矩形过水断面 $q = \frac{Q}{B}$；

h'_c——水跃的跃后水深(m)；

α——动能修正系数，可取 $\alpha = 1$；

σ——消力槛前保证形成淹没式水跃的系数，一般取 $\sigma = 1.05 \sim 1.10$；

M——流量系数，取用 1.86；

σ_s——消力槛的淹没系数，当出槛水流为自由出流时 $\sigma_s = 1$；当下游水位影响槛的过流能力，即为淹没出流时，$\sigma_s < 1$。

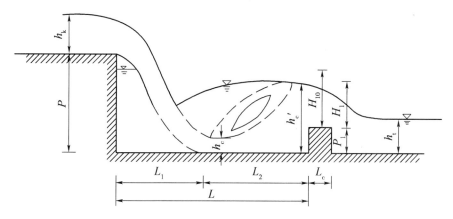

图 7.3.2 消力槛计算图式

2 消力槛淹没系数 σ_s 可按式(7.3.2-4)确定：

$$\sigma_s = f\left(\frac{h_s}{H_{10}}\right) \quad (7.3.2-4)$$

式中：h_s——下游天然正常水深 h_t 在槛上的超高，$h_s = h_t - P_1$；

$f(\cdot)$——消力槛的淹没系数函数。

计算中可按表 7.3.2 选用 σ_s 的数值。表中当 $h_s/H_{10} \leq 0.45$ 时，$\sigma_s = 1$，为自由出流；当 $h_s/H_{10} > 0.45$ 时，$\sigma_s < 1$，为淹没出流。

表 7.3.2 消力槛的淹没系数 σ_s 值

h_s/H_{10}	≤0.45	0.50	0.55	0.60	0.65	0.70	0.72	0.74	0.76	0.78
σ_s	1.000	0.990	0.985	0.975	0.960	0.940	0.930	0.915	0.900	0.885
h_s/H_{10}	0.80	0.82	0.84	0.86	0.88	0.90	0.92	0.95	1.00	—
σ_s	0.865	0.845	0.815	0.785	0.750	0.710	0.651	0.535	0.000	—

3 消力槛高 P_1 可按下列公式确定：

1) 根据式(7.3.2-1)、式(7.3.2-3)、表 7.3.2，先假定 $\sigma_s = 1$ 求得消力槛淹没系数 σ_s，判断出槛水流情况。当为自由出流时，则 P_1 值即为所求得的值；当为淹没出流时，

可重新假定 P_1 值，试算 σ_s 值。试算中按式(7.3.2-1)的变形式(7.3.2-5)计算：

$$H_{10} = \sigma h'_c - P_1 + \frac{\alpha q^2}{2g(\sigma h'_c)^2} \tag{7.3.2-5}$$

2）每次试算 σ_s 值后，可按式(7.3.2-6)计算单宽流量：

$$q = \sigma_s M H_{10}^{\frac{3}{2}} \tag{7.3.2-6}$$

若计算的 q 与设计的单宽流量 $q_s = \dfrac{Q_s}{B}$ 大致相等时，则所设的 P_0 即为确定值。若不相等，继续假设 P_1 试算，直至 q 与 q_s 基本一致为止。

7.3.3 跌水的水力计算应符合下列规定：

1 单级跌水的计算只是收缩断面水深计算及消力池、消力槛计算（图7.3.1、图7.3.2）。可按本规范第7.3.1条和第7.3.2条规定计算。

2 多级跌水就是一系列相连的消力池（图7.3.3）。这种跌水的水力计算与单级跌水的计算相似。其计算内容为：确定各级消力槛高和消力池长及最后一级消力池池深及池长。多级跌水的级高宜取相同数值。

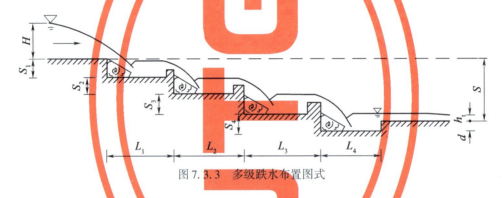

图7.3.3 多级跌水布置图式

7.3.4 急流槽宜由进口、陡坡（槽身）、消能设施和出口等四部分组成（图7.3.4），其水力计算应符合下列规定：

1 急流槽的宽度宜与涵洞孔径大致相同，也可根据需要通过的设计流量计算确定。

2 急流槽中水流在整个槽身长度内处于急流状态，起点断面水深为临界水深 h_k，随后各断面水深小于临界水深 h_k，即出现降水曲线。

3 按均匀流公式试算槽中正常水深 h_0、流速 v_0，最后验算流量并检验与设计流量差不大于 $\pm 5\%$。

4 降水曲线范围内可按分段求和法计算完整的降水曲线长度 l。

$$l = \Sigma \Delta l \tag{7.3.4-1}$$

$$\Delta l = \frac{E_{s2} - E_{s1}}{\bar{I} - \bar{J}} \tag{7.3.4-2}$$

$$E_{s1} = h_1 + \frac{\alpha Q^2}{2gA_1^2} \tag{7.3.4-3}$$

$$E_{s2} = h_2 + \frac{\alpha Q^2}{2gA_2^2} \qquad (7.3.4-4)$$

$$\overline{J} = \frac{Q^2}{\overline{A}^2 \, \overline{C}^2 \, \overline{R}} \qquad (7.3.4-5)$$

$$\overline{A} = \frac{A_1 + A_2}{2} \qquad (7.3.4-6)$$

$$\overline{C} = \frac{C_1 + C_2}{2} \qquad (7.3.4-7)$$

$$\overline{R} = \frac{R_1 + R_2}{2} \qquad (7.3.4-8)$$

式中： Δl——每相邻两假定水深 h_i、h_{i+1} 断面间的沿槽长度（m）；

E_{s1}——前一断面的断面比能；

E_{s2}——后一断面的断面比能；

i——急流槽坡度，以小数计；

$\overline{J}$——前、后两断面的平均摩阻坡度；

A_1、A_2、C_1、C_2、R_1、R_2——前、后两断面相应的过水面积（m²）、谢才系数和水力半径（m）。

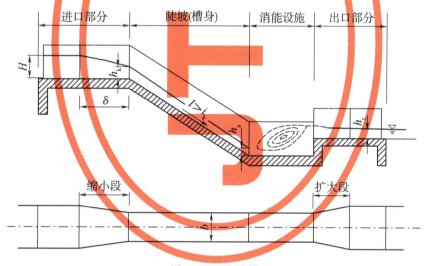

图 7.3.4 急流槽

注：过渡段长度 $\delta = (2 \sim 4)H$。

5 计算出完整的降水曲线长度 l 与陡槽的实际布置长度 L 进行比较：

1）当 $l \leq L$ 时，为长急流槽。过 l 后至 L 之间为陡坡均匀流的长槽末端水深 $h_z = h_0$。

2）当 $l > L$ 时，为短急流槽。此时槽身内为一不完整的降水曲线。槽末端水深 h_z 可以直线内插法求得，可按式（7.3.4-9）计算：

$$h_z = (h_k - h_0) \frac{l - L}{l} + h_0 \qquad (7.3.4-9)$$

式中：h_k——急流槽起点临界水深(m)；
　　　h_0——急流槽正常水深(m)。

6　槽末断面的流速 v_z 可按式(7.3.4-10)计算：

$$v_z = \frac{Q}{A_2} \tag{7.3.4-10}$$

式中：A_2——槽末断面的面积。

7　急流槽末端设置消力池或消力槛，除 $L_0 = 0$ 外，其余尺寸的计算均与本规范第7.3.1条、第7.3.2条相同。

8 涵洞构造

8.1 一般规定

8.1.1 涵洞作为排水构造物，应采取相应的工程措施消耗能量和防止冲刷（图8.1.1）。

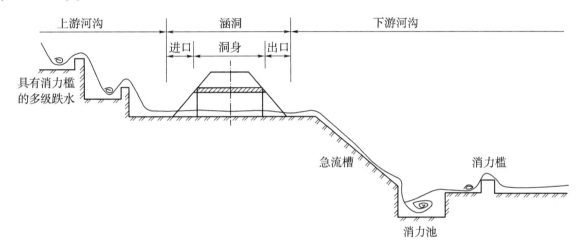

图 8.1.1 陡坡过水建筑物一般布置形式

条文说明

涵洞排水构造物，由其地形条件和使用功能的需要，采用不同的组成形式。洞身是排水通道的主体，洞口是洞身、路基、河道三者的连接构造物，洞口建筑由进水口、出水口和沟床加固三部分组成。

8.1.2 涵洞洞身，洞身与端墙，翼墙，进、出水口，急流槽交接处宜设置沉降缝，缝内宜填弹性不透水材料。

8.1.3 除置于岩石地基上的涵洞和无圬工基础的圆管涵洞身范围可不设沉降缝外，其余沿洞身长度方向每隔4～6m应设置一道沉降缝，并应符合下列规定：

1 在中央分隔带及路肩附近宜设置沉降缝。
2 在地基土质发生变化、基础埋深不同或地基压力发生较大变化以及填挖交界处均应设置沉降缝。
3 当采用填石抬高基础时，其沉降缝间距不宜大于4m。

条文说明

8.1.2、8.1.3 涵洞沿洞身方向应分段设置沉降缝,防止不均匀沉降而使结构破坏。给出了正常情况下沉降缝设置的位置及间隔,特殊情况下沉降缝设置的位置,以及结构形式和地基情况不同时如何设或不设沉降缝。

8.1.4 涵洞的基础,应按涵洞的构造、地质条件及地基处理的情况,设计为整体式或非整体式。冰冻地区,端墙与端管节应采用整体的刚性基础。

8.1.5 管涵及其他封闭式截面的涵洞,当涵身底部土质均匀、下沉量不大时,可不设基础,并可按表8.1.5进行处置。但涵洞出入口应设基础并考虑防渗作用,以避免管节间发生不均匀沉降和接缝漏水。

表 8.1.5 涵身底部的处置形式

基底土名称	形　式	垫层厚度或夯实层厚度(m)
岩石	混凝土抹成垫层	—
	砂垫层	不小于0.4
砾石土、卵石土	用砂填充空隙同时夯实	不小于0.4
砾砂、粗砂、中砂及细砂	表层夯实	不小于0.4

8.1.6 涵洞的洞身和进、出口一定范围内的沟床、路基坡面、锥体填方均应铺砌加固。出入口铺砌的平面形式应根据沟形确定,对无明显沟槽者,出口平面宜采用等腰梯形,其铺砌角可取为20°;铺砌材料应按铺砌层上最大流速确定,铺砌末端应设截水墙。当沟床为岩石或不被洪水冲移的大块石、漂石所覆盖时,沟床可不作铺砌。

8.1.7 在纵坡陡、流速大的河沟,必要时还应设置急流槽、跌水及相应的消能措施,并应在端墙外端底部设置截水墙。

8.1.8 钢筋混凝土构件,其受力钢筋的最小配筋率和最小混凝土保护层厚度应符合现行《公路钢筋混凝土及预应力混凝土桥涵设计规范》(JTG 3362)的相关规定。

8.2 洞身构造

8.2.1 圆管涵应符合下列规定:
1 管身宜为钢筋混凝土构件,应配双层钢筋。
2 基础形式应视地基条件而定,当在土质较软弱地基上时,可采用混凝土或浆砌片石基础；当在砂砾、卵石、碎石及密实均匀的黏土或砂土地基上时，可采用砂砾石垫层基础；当在岩石地基上时，可采用垫层混凝土。基础顶面应进行八字斜面包角，其支撑角不应小于120°。

3 接口宜为平接，可分为刚性、半刚性、柔性接口等，根据受力条件、施工方法及水文地质情况来选用接口形式。当为柔性接口时，宜采用承插式钢筋混凝土圆管涵，其接口处应设O形橡胶圈。

4 管身周围应设防水层，以防渗水侵蚀，可采用沥青或厚为200mm的塑性黏土等。

5 当管涵较长设计有沉降缝时，管身沉降缝应与圬工基础沉降缝位置一致，其方向应与洞身轴线垂直。

8.2.2 盖板涵应符合下列规定：

1 盖板可分为石盖板、钢筋混凝土盖板等。

2 盖板两端应与涵台顶紧，并设锚栓连接，采用C20小石子混凝土填满捣实空隙。

3 涵洞基础根据地基条件可采用整体式基础或分离式基础，分离式基础及支撑梁由浆砌块（片）石或混凝土构成。涵底铺砌宜为水泥砂浆砌片石。

4 涵洞沉降缝应贯穿整个洞身断面，当涵洞斜交斜做时，其方向应与路线方向一致；当斜交正做时，其方向应与洞身轴线方向垂直。

8.2.3 箱涵应符合下列规定：

1 涵身宜采用钢筋混凝土整体闭合式框架结构，其横截面可为长方形或正方形。内壁在角隅处宜设倒角并配防劈裂钢筋。

2 翼墙采用一字式钢筋混凝土薄壁结构时，应与洞身连成整体；采用八字式翼墙时，翼墙与洞身间应设沉降缝。

3 涵身底部基础宜为上层混凝土和下层砂砾垫层，在洞口两端洞身2m范围内应将砂砾垫层埋入冰冻线以下不小于0.25m。

4 沉降缝应贯穿整个涵身断面，其方向应与涵身轴线垂直；斜交明涵中部沉降缝方向应与路线方向一致。

8.2.4 拱涵应符合下列规定：

1 拱涵可分为石拱、混凝土拱涵等。

2 拱圈可由石料、混凝土等材料构成。拱圈宜采用等截面圆弧拱。

3 护拱可由水泥砂浆砌片石、贫混凝土构成。

4 拱上侧墙和涵底铺砌可用水泥砂浆砌片石构成。

5 涵台宜为圬工结构，基础视地基土情况，可采用整体式或分离式基础。

6 拱背及台背宜设防水层，通过泄水孔或盲沟等排水设施导出积水。沉降缝的设置同盖板涵，其方向应与洞身轴线垂直。

8.2.5 倒虹吸管涵应符合下列规定：

1 倒虹吸管涵主要由进口段、水平段和出口段组成。进口段由进水河沟、沉淀池、进水井等组成。水平段是倒虹吸的主体，由基础、管身、接缝等组成。出口段由出水井、出水河沟等组成。

2 管身宜为钢筋混凝土圆管，管身基础由级配砂石垫层和混凝土基础构成。管身接缝宜为钢丝网抹带接口或环带接口。

3 进、出水井宜为混凝土构成，也可由水泥砂浆砌片石构成。竖井上应设置活动的钢筋混凝土顶盖。沉淀池宜为浆砌块、片石构成。基础由混凝土和砂砾垫层构成。进、出口河沟一定范围内应作铺砌加固。

4 倒虹吸管涵构造中及与路基连接部，应注意采取防漏、防淤和防冲措施。

条文说明

新增第 4 款，系根据实际修建的倒虹吸涵洞发生水害的调研情况，提出应注意涵洞内淤积和漏水以及与路基连接部冲刷水毁问题。

8.2.6 波纹钢管(板)涵应符合下列规定：

1 波纹钢管(板)涵根据工点条件及使用功能宜采用闭口截面结构或开口截面结构。

1) 闭口截面结构物的形式和拼接宜符合下列规定：

a) 闭口截面波纹钢管(板)结构分为整体式波纹管和拼装式波纹管两种形式。整体式波纹管是用螺旋波纹钢管或环形波纹钢管拼装而成的管形结构物。拼装式波纹管是用波纹钢板件拼装而成的管形结构物。

b) 螺旋波纹钢管可采用工厂咬口方式连接(图 8.2.6-1)，也可采用平行式、螺旋式管箍连接(图 8.2.6-2)。环形波纹钢管可采用轴向法兰盘或螺栓连接[图 8.2.6-3a)、图 8.2.6-3b)]，或采用左右(或上下)半圆管节翻边连接(图 8.2.6-4)。

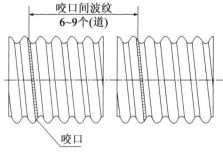

图 8.2.6-1 螺旋波纹钢管咬口连接

c) 拼装式波纹管可将工厂预制的波纹钢板件在现场采用高强螺栓进行拼接(图 8.2.6-5)。环向搭接重叠部分边缘至最外缘螺栓孔距离应大于 50mm，轴向搭接螺栓孔边缘距离视波距大小而定。

d) 波纹管内外面和紧固连接件等均应进行热镀锌防腐处理。

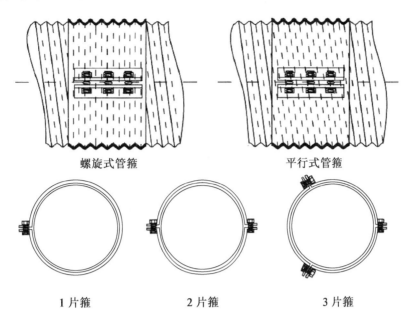

图 8.2.6-2　螺旋波纹钢管管箍连接

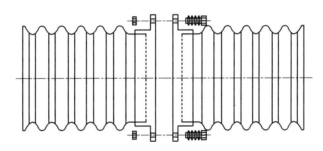

图 8.2.6-3a)　环形波纹钢管轴向法兰盘连接

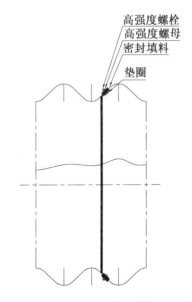

图 8.2.6-3b)　环形波纹钢管螺栓连接

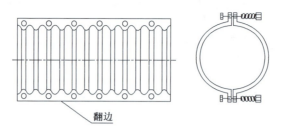

图8.2.6-4 环形波纹钢管半圆管节翻边连接

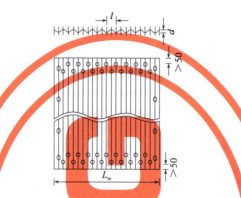

图8.2.6-5 波纹钢板件拼装(尺寸单位：mm)

l-波距；L_w-波纹钢板件宽度；d-波高

2）开口截面结构物的形式和拼接宜符合下列规定：

a）开口截面结构物宜由波纹钢板件拼接而成。

b）开口截面结构物宜采用混凝土基础，基础混凝土内预埋钢板连接件与波纹钢板连接(图8.2.6-6)。

a) 整体式基础　　　　b) 分离式基础　　　　c) A节点示意

图8.2.6-6 波纹钢板与基础连接

c）波纹钢板件内外面和连接件等均应进行热镀锌防腐处理，接缝应进行密封防水和防腐处理。

2 波纹钢管(板)涵地基或基础应均匀坚固，闭口截面结构物基础的最小厚度与宽度应符合表8.2.6的规定。对开口截面(拱形截面)结构物，基础宜为钢筋混凝土或圬工结构，也可采用钢结构基础。基础顶面的宽度应不小于波纹钢板的波幅尺寸。

3 波纹钢管(板)涵底部不得直接置于岩石地基或混凝土基座上，应在管身与地基或基座之间设置砂砾垫层或其他适宜材料，使其紧密相贴。

表 8.2.6 闭口截面结构物基础的最小厚度与宽度

地质条件		基础最小厚度	基础宽度
优质土地基		可直接将地基作为基础	
一般性土质地基	管径 $D_h < 900$mm	200mm	$2D_h$
	管径 $D_h = 900 \sim 2\,000$mm	300mm	
	管径 $D_h > 2\,000$mm	$0.20D_h$	
岩石地基		$200 \sim 400$mm，但当填土高度大于5m时，填土每增高1.0m，其厚度增加40mm	$2D_h$
软土地基		$(0.3 \sim 0.5)D_h$ 或500mm 以上	$(2 \sim 3)D_h$

4 波纹钢管（板）涵与路线正交时，进、出口端管节外端面应与涵轴线垂直且平整，当斜交角度小于或等于20°时，可将端管节外端面切割成与路线平行的斜面，切割坡度不宜超过2:1，并将端管节外固定于端墙或路堤斜坡上；当斜交角度大于20°时，应做专门设计。

5 当波纹钢管（板）涵处在较强腐蚀或磨蚀条件下时，应做内衬设计。一般可在波纹钢管（板）涵底部一定范围内浇筑混凝土或采取其他内衬材料。

8.3 洞口构造

8.3.1 八字式洞口应符合下列规定：

1 正八字式洞口由敞开斜置八字墙构成[图8.3.1-a)]，敞开角宜采用20°，且左右翼墙对称；适用于河沟平坦顺直，无明显沟槽，且沟底与涵底高差变化不大的情况。当八字墙与路中线垂直时，称直墙式洞口[图8.3.1-b)]。适用于涵洞跨径与沟宽基本一致，无须集纳和扩散水流或仅为疏通两侧农田灌溉时的情况。八字墙墙身宜为块（片）石砌筑，有条件时可做料石或混凝土预制块镶面。

2 当地形和水流条件要求涵洞与路线斜交时，应做斜八字式洞口。可分为斜交斜做[图8.3.1-c)]或斜交正做[图8.3.1-d)]，洞口建筑应做特殊设计。

8.3.2 一字墙式（端墙式）洞口应符合下列规定：

1 一字墙式正洞口为涵台两侧垂直涵洞轴线部分挡住路堤边坡的矮墙（端墙），墙外侧可用砌石椭圆锥坡、天然土坡、砌石护坡或挡土墙与天然沟槽、渠道和路基相连接，构成多种形式的一字墙式洞口[图8.3.2-a)、b)、c)]。适用于沟床稳定、土质坚实的河沟以及流速较小的人工渠道或不易受冲刷的岩石河沟。

2 当涵洞与路线斜交时，锥坡洞口宜采用斜交正做洞口[图8.3.2-d)]，其端墙可做成斜坡式或台阶式。

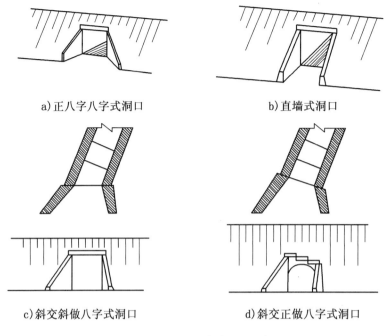

图 8.3.1 八字式洞口

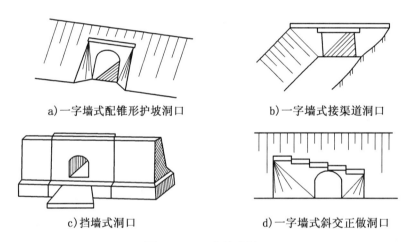

图 8.3.2 一字墙式洞口

8.3.3 扭坡式洞口应符合下列规定：

1 扭坡式洞口与渠道之间由一段变化坡度的过渡段构成（图 8.3.3）。适用于盖板涵、箱涵、拱涵洞身与人工灌溉渠道的连接。

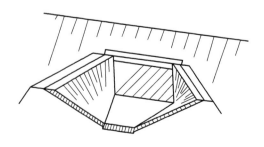

图 8.3.3 扭坡式洞口

2 进口收缩过渡段长度宜为渠道水深的 4~6 倍，出口扩散段还应适当增长。

8.3.4 平头式洞口常用于钢筋混凝土圆管涵和波纹钢管(板)涵，可制作特殊的洞口管节(图 8.3.4)。适用于水流通过涵洞挤束不大和流速较小的情况。

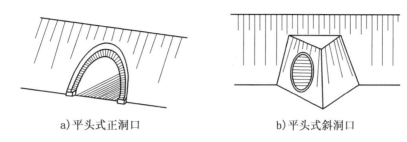

a) 平头式正洞口　　　　　　　b) 平头式斜洞口

图 8.3.4　平头式洞口

8.3.5 走廊式洞口应由两道平行翼墙在前端展开成八字形或圆曲线形构成(图 8.3.5)，可使涵前的壅水水位在洞口部分提前收缩跌落，降低无压力式涵洞的计算高度或提高涵内计算水深，增大涵洞的宣泄能力；适用于高路堤的情况。

8.3.6 流线型洞口应由进水口端节在立面上升高形成流线型构成(图 8.3.6)，平面也可做成流线型，使涵长方向涵洞净空符合水流进洞收缩的实际情况。用于压力式涵洞时，可使洞内满流；应用于无压力式涵洞时，可增大涵前水深，提高涵洞的宣泄能力。适用于高路堤或路幅较宽、涵身较长的涵洞。

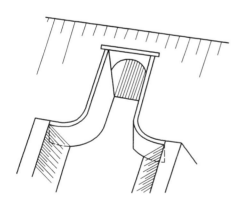 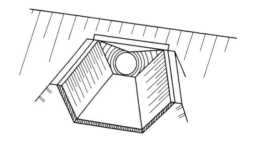

图 8.3.5　走廊式洞口　　　　　图 8.3.6　流线型洞口

8.3.7 跌水井式洞口主要有边沟跌水井洞口与一字墙式跌水井洞口两种[图 8.3.7-a)、b)]。边沟跌水井洞口适用于内侧有挖方边沟的涵洞，一字墙跌水井洞口适用于一般陡坡沟槽跌水。跌水井式洞口适用于当天然河沟纵坡大于 50% 或路基纵断面设计不能满足涵洞建筑高度要求，涵洞进、出口开挖大，以及天然沟槽与洞口高差大时，用以解决天然沟槽或路基边沟与涵洞进口的连接，且仅适用于涵洞进水口。

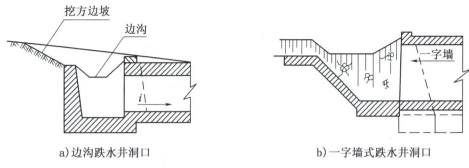

图 8.3.7 跌水井式洞口

8.4 进、出水口沟床加固及防护

8.4.1 在涵洞上、下游河沟和路基边坡一定范围内，宜采取冲刷防护措施。当沟底纵坡小于或等于15%时，可铺砌到上、下游翼墙端部，并应在上、下游铺砌端部设置截水墙，其埋置深度不小于台身或翼墙基础深度。涵洞可设置养护阶梯。

8.4.2 进水口沟床加固及防护应符合下列规定：

1 当河沟纵坡小于10%，河沟顺直，且土质和流速许可时，可对进口采用干砌片石铺砌加固。

2 当河沟纵坡为10%~50%时，除岩石沟槽外，沟底和沟槽侧向边坡以及路基边沟均应铺砌加固。加固类型应由水流流速确定，并应符合下列规定：

  1）当采用缓坡涵进口时，涵前沟底纵坡较陡，涵身纵坡较缓，应在进口段设置缓坡段，其长度为1~2倍的涵洞孔径。

  2）当采用陡坡涵进口时，涵身纵坡较大，水流呈急流状态，涵底坡度与涵前沟底纵坡基本平顺衔接，可不设缓坡段，只做铺砌加固。

3 当河沟纵坡大于50%时，流速很大，进口处宜设置跌水井，可采用急流槽与天然河沟连接。急流槽底每隔1.5~2.0m宜设一防滑墙。为减缓槽内流速，可在槽底增设加糙设施。

8.4.3 出水洞口沟床加固及防护应符合下列规定：

1 在河沟纵坡小于3%的缓坡涵洞中，当出水流速小于土壤的允许冲刷流速时，下游洞口河床可不作处理。当出水口流速大于或等于土壤的允许冲刷流速时，下游洞口沟床应铺砌片石加固或设置挑坎防护。

2 在河沟纵坡为3%~15%的缓坡涵洞中，出水口流速较小时，可对下游河床进行一般的铺砌加固，并在铺砌末端设置截水墙，其埋置深度不小于洞身或翼墙基础深度。截水墙外作干砌片石加固。出口流速较大时，采用延长铺砌石块或混凝土块，同时设深埋的截水墙，其深度应大于铺砌末端冲刷深度0.1~0.25m。

3 在河沟纵坡大于15%的陡坡涵洞中，其洞口末端应视河沟的地质、地形和水力条件，可采用出口阶梯、急流槽、导流槽、跌水、消力池、消力槛、加糙等特殊加固消能设施。

9 结构设计

9.1 一般规定

9.1.1 公路涵洞的结构设计应符合现行《公路桥涵设计通用规范》(JTG D60)中的作用及其组合、《公路钢筋混凝土及预应力混凝土桥涵设计规范》(JTG 3362)中的承载能力极限状态和正常使用极限状态设计、《公路桥涵地基与基础设计规范》(JTG 3363)中的地基承载力验算,以及《公路圬工桥涵设计规范》(JTG D61)与《公路工程抗震规范》(JTG B02)中的相关规定。

条文说明

原细则中未明确给出公路涵洞地基承载力验算及抗震验算要遵循的上位规范,因此本次修订在原细则的基础上增加了公路涵洞结构设计还要符合《公路桥涵地基与基础设计规范》(JTG D63)以及《公路工程抗震规范》(JTG B02)中的相关规定。

9.1.2 按承载能力极限状态设计时,应对构件进行承载能力验算,必要时应进行结构的抗倾覆和滑移验算,采用式(9.1.2)表达:

$$\gamma_0 S \leqslant R(f_d, a_d) \qquad (9.1.2)$$

式中:γ_0——结构重要性系数,对应于设计安全等级二级和三级分别取1.0和0.9;

S——作用效应组合设计值,宜按现行《公路桥涵设计通用规范》(JTG D60)的规定计算;

$R(\cdot)$——构件承载力设计值函数;

f_d——材料强度设计值;

a_d——几何参数设计值,当无可靠数据时,可采用几何参数标准值 a_k,即设计文件规定值。

条文说明

《公路桥涵设计通用规范》(JTG D60—2015)第4.1.5条已对包括涵洞在内的不同结构设计安全等级的结构重要性系数作了具体规定,因此此次修订取消了 $\gamma_0 = 0.9$ 的规定。高速公路、一级公路、二级公路、国防公路及城市附近交通繁忙公路上的涵洞设计安全等级属于二级,对应的 γ_0 取1.0;三、四级公路上的涵洞设计安全等级属于三级,

对应的 γ_0 取 0.9。本条同时对参数 a_d 的释义进行了调整，与现行《公路钢筋混凝土及预应力混凝土桥涵设计规范》（JTG 3362）第 5.1.2 条保持一致。

9.1.3 钢筋混凝土构件按正常使用极限状态设计时，应根据结构的具体使用要求对构件的裂缝宽度及挠度进行验算，以控制构件在使用期间能正常工作。圬工构件可由相应的构造措施来保证。

条文说明

本条为保证构件在使用期间能正常工作，增加了涵洞按正常使用极限状态设计时的相关规定。

9.2 作用

9.2.1 公路涵洞设计应采用车辆荷载，冲击系数的计算与选取可按相关规定取用。车辆荷载及横向分布系数应符合下列规定：

1 车辆荷载的立面、平面尺寸如图 9.2.1-1 所示，主要技术指标应符合表 9.2.1-1 的规定。

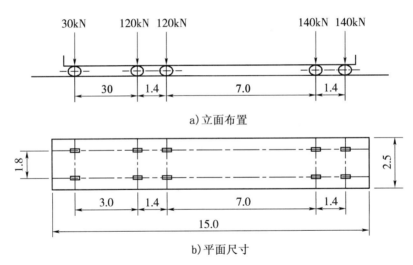

图 9.2.1-1 车辆荷载的立面、平面尺寸（尺寸单位：m）

表 9.2.1-1 车辆荷载的主要技术指标

项 目	单位	技术指标	项 目	单位	技术指标
车辆重力标准值	kN	550	轮距	m	1.8
前轴重力标准值	kN	30	前轮着地宽度及长度	m	0.3×0.2
中轴重力标准值	kN	2×120	中、后轮着地宽度及长度	m	0.6×0.2
后轴重力标准值	kN	2×140	车辆外形尺寸（长×宽）	m	15×2.5
轴距	m	3+1.4+7+1.4			

2 车辆荷载横向分布系数应按图 9.2.1-2 布置车辆荷载进行计算，涵洞上方横向布置多车道车辆荷载时，应考虑车辆荷载的折减；布置一条车道车辆荷载时，应考虑车辆荷载的提高。横向车道布载系数应符合表 9.2.1-2 的规定。多车道布载的荷载效应不得小于两条车道布载的荷载效应。车辆荷载纵向分布宽度如图 9.2.1-3 所示。

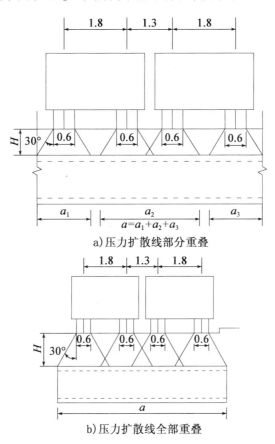

图 9.2.1-2 车辆荷载横向分布宽度（尺寸单位：m）

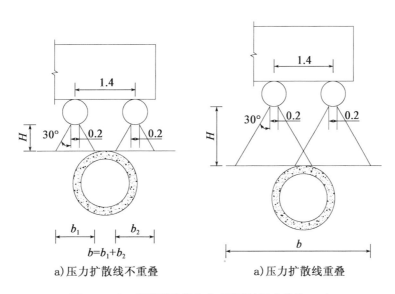

图 9.2.1-3 车辆荷载纵向分布宽度（尺寸单位：m）

表9.2.1-2 横向车道布载系数

横向布载车道数(条)	1	2	3	4	5	6	7	8
横向车道布载系数	1.20	1.00	0.78	0.67	0.60	0.55	0.52	0.50

条文说明

本条与现行《公路桥涵设计通用规范》(JTG D60)一致,将原细则该条"重型车辆少的四级公路的桥涵,车辆荷载的效应可乘以0.7的折减系数"删除。

冲击系数的确定不在本规范中再行规定,参照《公路桥涵设计通用规范》(JTG D60—2015)第4.3.2条的规定计算。

9.2.2 土的重力及土压力宜按下列规定计算:

1 静土压力可按式(9.2.2-1)、式(9.2.2-2)计算:

$$e_j = \xi \gamma h \tag{9.2.2-1}$$

$$\xi = 1 - \sin\varphi \tag{9.2.2-2}$$

式中:e_j——任一高度h处的静土压力强度(kPa);

ξ——压实土的静土压力系数;

γ——土的重度(kN/m³);

h——计算截面至路面顶的高度(m);

φ——土的内摩擦角(°)。

2 主动土压力(图9.2.2)的标准值可按式(9.2.2-3)、式(9.2.2-4)计算:

1)当土层特性无变化且无汽车荷载时,作用在涵台、挡墙前后的主动土压力标准值可按式(9.2.2-3)、式(9.2.2-4)计算:

$$E = \frac{1}{2}B\mu\gamma H^2 \tag{9.2.2-3}$$

$$\mu = \frac{\cos^2(\varphi - \alpha)}{\cos^2\alpha \cos(\alpha + \delta)\left[1 + \sqrt{\dfrac{\sin(\varphi + \delta)\sin(\varphi - \beta)}{\cos(\alpha + \delta)\cos(\alpha - \beta)}}\right]^2} \tag{9.2.2-4}$$

式中:E——主动土压力标准值(kN);

μ——系数;

B——涵台的计算宽度或挡土墙的计算长度(m);

H——计算土层高度(m);

β——填土表面与水平面的夹角(°),当计算涵台后或挡墙后主动土压力时,β按图9.2.2-a)取正值;当计算涵台前或挡墙前主动土压力时,β按图9.2.2-b)取负值;

α——涵台或挡土墙背与竖直面的夹角(°),俯墙背如图9.2.2所示时为正值,反之为负值;

δ——涵台背或挡墙背与填土间的摩擦角(°)，可取 $\delta = \varphi/2$。

主动土压力的着力点自计算土层底面算起，$C = H/3$。

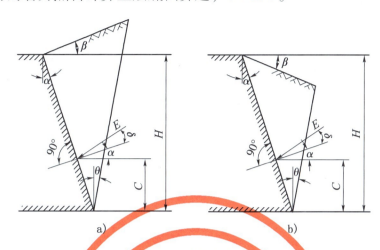

图 9.2.2　主动土压力图

2) 当土层特性无变化但有汽车荷载作用时，作用在涵台、翼墙或端墙后的主动土压力标准值在 $\beta = 0°$ 时可按式(9.2.2-5)、式(9.2.2-6)计算：

$$E = \frac{1}{2}B\mu\gamma H(H + 2h_0) \quad (9.2.2\text{-}5)$$

$$h_0 = \frac{\sum G}{Bl_0\gamma} \quad (9.2.2\text{-}6)$$

式中：h_0——汽车荷载的等代均布土层厚度(m)；

　　　γ——土的重度(kN/m³)；

　　　$\sum G$——布置在 $B \times l_0$ 面积内的车轮的总重力(kN)；

　　　l_0——涵台或挡墙后填土的破坏棱体长度(m)；

　　　B——涵台横向全宽或挡墙的计算长度(m)。

主动土压力的着力点自计算土层底面算起，$C = \frac{H}{3} \times \frac{H + 3h_0}{H + 2h_0}$。

3) 当 $\beta = 0°$ 时，破坏棱体破裂面与竖直线间夹角 θ 的正切值可按式(9.2.2-7)计算：

$$\tan\theta = -\tan\omega + \sqrt{(\cot\varphi + \tan\omega)(\tan\omega - \tan\alpha)} \quad (9.2.2\text{-}7)$$

$$\omega = \alpha + \delta + \varphi \quad (9.2.2\text{-}8)$$

3　填土的重力对涵洞的竖向和水平压力强度标准值，可按式(9.2.2-9)、式(9.2.2-10)计算：

竖向压力强度：

$$q_V = K\gamma H \quad (9.2.2\text{-}9)$$

水平压力强度：

$$q_H = e_j = \xi\gamma h \quad (9.2.2\text{-}10)$$

式中：K——竖向土压力系数，见表 9.2.2，经久压实的路堤采用 1.0；

　　　γ——土的重度(kN/m³)；

H——路面至涵洞顶的填土高度(m);

ξ——压实土的静土压力系数;

h——路面或填土顶面至涵洞计算截面处的填土高度(m)。

表9.2.2 竖向土压力系数 K

涵洞形式	坡度 $\alpha(°)$	$0 < B_g/D \leq 3$			$3 < B_g/D \leq 10$			$B_g/D > 10$ 或 $\alpha = 0°$		
		$0.1 \leq H/D < 1$	$1 \leq H/D < 10$	$H/D \geq 10$	$0.1 \leq H/D < 1$	$1 \leq H/D < 10$	$H/D \geq 10$	$0.1 \leq H/D < 1$	$1 \leq H/D < 10$	$H/D \geq 10$
圆管涵或拱涵	30	1.25	1.30	1.15	1.40	1.45	1.30	1.65	1.80	1.45
	60	1.10	1.15	1.05	1.30	1.35	1.15			
	90	1.04	1.04	1.04	1.20	1.25	1.05			
盖板涵或箱涵	30	1.10	1.15	1.04	1.25	1.30	1.15	1.50	1.60	1.30
	60	1.04	1.04	1.04	1.15	1.20	1.04			
	90	1.04	1.04	1.04	1.10	1.15	1.04			

注:1. D 为涵洞的外形宽度(m),对边墙背为倾斜的涵洞,系指墙底面的外形宽度;对圆管涵系指外直径。B_g 为沟谷宽度(m)。α 为沟谷横向坡度(°)。H 为涵顶填土高度(m)。

2. 表中系数 K 不适用于采用波纹钢等材料的柔性涵洞。

条文说明

涵洞工程一般属于路基工程的一部分,在施工过程中无论采用何种工法,涵洞两侧的路基填土均要求对称填筑施工,这就使得涵洞的工作条件与一般桥台以及重力式挡土墙有明显的不同。基于箱涵、管涵自身的整体性、板涵地板(地梁)的支撑作用及两侧填土高度基本一致,两侧土压力将产生不同于桥台与一般挡土墙结构的自平衡效应,在这种效应的影响下,涵洞自身将难以产生与土侧压力方向一致且足以使土体达到主动状态的极限位移(除了刚度较小的钢管涵外,涵洞自身的变形也较小);更有甚者,在涵洞顶部填土压力作用下,涵洞两侧(箱涵、管涵、拱涵)的位移有时反而会与土侧压力方向相反。这就导致在外荷载作用下(包括填土荷载、汽车荷载等)涵洞两侧填土土侧压力分布形态将难以达到主动状态,而实际上,此种状况下的土压力分布形态更接近于静止土压力状态。

在《铁路桥涵设计规范》(TB 10002—2017)第4.2.3条关于涵洞所受水平土压力计算的条文说明中,虽然指出"刚性涵洞的水平土压力采用主动土压力",但同时也认为"涵洞的工作条件与一般重力式挡墙却又不同","采用'静止土压力'较为合理",并列举了几处涵洞的实测资料。"根据这些资料进行分析,考虑到涵洞两侧的填土可能受到向上的摩阻力的作用会减弱涵洞所受的侧向压力,同时在试验资料尚不充分的情况下,对以往标准设计的经验应适当考虑,因而在采用'静止土压力'时选用较小值"。最终建议"水平土压力系数,填土采用0.25或0.35"。

事实上,这一条文说明源自1974年铁道部颁布的《铁路工程技术规范 第二篇桥涵》第三章"设计荷载"，其列举的实测资料是20世纪60年代末，解放军工程兵某部和铁道部第三设计院做的现场试验(以拱涵为主)。该条文及相应说明历经1985年8月第4版、1996年5月第5版、1999年10月第6版、2005年6月第7版，直至2017年最新版的四十多年间几乎没有任何改动。

1 原细则第9.2.2条第1款中公式 $E = \frac{1}{2}\xi\gamma H^2$ 只适用于三角形分布静止土压力计算，并不具有一般性，而涵洞埋在地面以下，其土压力分布多呈梯形分布而非三角形分布，且根据已有公式 $e = \xi\gamma h$ 及土压力分布形态完全可以计算得出土压力的大小，因此在此次修订中将其删除。同时将 e 改为 e_j，与现行《公路桥涵设计通用规范》(JTG D60—2015)第4.2.3条保持一致。个别参数释义结合涵洞实际情况作了调整。

由于静止土压力要大于主动土压力，基于静止土压力应用的广泛性及荷载组合的最不利原则，本次修订删去原细则第1款中"在计算抗倾覆和滑动稳定时，涵洞墩、台、挡墙前侧地面以下不受冲刷部分的土侧压力可按静土压力计算"这一补充说明。

2 主动土压力的计算可应用在不能产生自平衡效应的涵身(涵台)或挡墙类(涵洞翼墙)结构物上。事实上，该条源自《公路桥涵设计通用规范》(JTG D60—2004)第4.2.3条第2款，《公路桥涵设计通用规范》(JTG D60—2015)修订时也未作改变。该条主要是针对公路路基挡土墙及桥台所受土压力的计算，未充分考虑涵洞结构物各自受力的特殊性，因此本次修订结合涵洞特点保留原计算公式，但对个别参数释义做了调整。

将原细则中式(9.2.3)(用以计算车辆荷载的等代均布土层厚度)提前放置，并结合涵洞实际情况对个别参数释义做了调整。

3 涵顶垂直土压力系数 K 是涵洞结构设计计算的重要参数之一，此次修订作了较大的修改，具体说明如下：

(1)原细则表9.2.2源自1974年铁道部颁布的《铁路工程技术规范 第二篇 桥涵》第三章"设计荷载"，表中垂直土压力系数 K 仅考虑了涵洞凸出地面大小 H/D 的影响，未考虑其他诸如涵洞类型、地基强度、地形条件及施工工艺等因素的影响。本次修订综合考虑多种因素，对涵顶垂直土压力系数 K 的取值进行了全面修正。

(2)修正后的表9.2.2中系数 K 的取值是结合我国13个省(自治区、直辖市)16条高速公路具有代表性的高填方涵洞实体工程的调研成果与40余座高填方涵洞的现场试验成果、室内离心模型试验成果及数值仿真分析成果综合得出的。该系数 K 取值综合考虑了涵顶填土高度、涵洞类型、涵洞跨度、地基强度、地形条件及施工工艺等多方面因素的影响，更符合涵顶受力的实际情况。

(3)根据大量实测及试验资料表明，涵顶垂直土压力分布规律与涵洞结构形式密切相关，其中圆管涵与拱涵、盖板涵与箱涵涵顶垂直土压力受力特性相似，因此表9.2.2中 K 的取值分为圆管涵或拱涵、盖板涵或箱涵两类。

(4)涵洞与地形条件的位置关系如图9-1所示，其中：B_1、B_2 为涵洞左右两侧沟谷宽度，α_1、α_2 为涵洞左右两侧沟谷坡度，D 为涵洞的外形宽度，H 为涵顶填土高度。当涵洞处于非对称地形条件时，K 以单侧坡最不利情况取值。

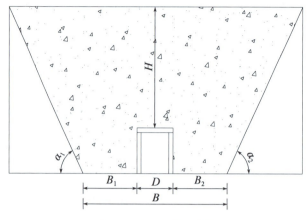

图 9-1 地形条件示意图

(5)"经久压实路堤取1.0"所对应的工况主要指的是用顶推施工工艺穿越已有旧路堤的涵洞工程。旧路基经过多年碾压其沉降已经基本稳定,若采用顶推施工工艺使涵洞穿越旧有路基,则认为涵顶所受竖向力就是涵洞顶面以上土柱的重力。

(6)将填土重力所引起的对涵洞的水平压力强度计算公式由主动土压力状态修订为静止土压力状态。

9.2.3 汽车荷载引起的土压力应采用车辆荷载加载,并应按下列规定计算:

1 车辆荷载对涵洞顶面的竖向压力和涵身任一点的水平压力强度标准值,可按式(9.2.3-1)~式(9.2.3-3)计算。

涵洞顶竖向压力强度:

$$q'_V = \frac{\sum G}{ab} \quad (9.2.3\text{-}1)$$

涵身任一点竖向压力强度:

$$q''_V = \frac{\sum G}{a'b'} \quad (9.2.3\text{-}2)$$

涵身任一点水平压力强度:

$$q'_H = \xi q''_V \quad (9.2.3\text{-}3)$$

式中:$\sum G$——布置在涵洞顶部路面车轮的总重力(kN);

a——车辆荷载在涵洞顶面的横向分布宽度(m),见图9.2.1-2;

b——车辆荷载在涵洞顶面的纵向分布宽度(m),见图9.2.1-3;

a'——车辆荷载在涵身任一点的横向分布宽度(m),涵高较小时,可取 $a = a'$;

b'——车辆荷载在涵身任一点的纵向分布宽度(m),涵高较小时,可取 $b = b'$。

2 计算涵洞顶上车辆荷载引起的竖向土压力时,车轮可按其着地面积的边缘向下作30°角分布。当几个车轮的压力扩散线相重叠时,扩散面积以最外边的扩散线为准。如图9.2.1-2和图9.2.1-3所示。

条文说明

原细则第 9.2.3 条公式 $h_0 = \dfrac{\Sigma G}{B l_0 \gamma}$ 是以库仑土压力理论为基础，通过计算破坏棱体上的车辆荷载所对应的等代均布土层厚度 h，进而得到由车辆荷载所引起的结构物上的土侧压力。该公式的适用条件是结构物能够产生与土压力方向一致的位移，以达到土压力的主动极限状态。由于该公式属于主动土压力计算部分，因此本次修订将此公式上移至本规范第 9.2.2 条第 2 款以方便应用。本次修订进一步明确了车辆荷载所引起涵洞顶面的竖向压力和涵身任一点的竖向和水平压力的计算方法。

对涵洞周边的填土而言，无论是车辆荷载引起的竖向压力强度，还是水平压力强度，都会随着深度的增加而减小，这一效应在本规范中用应力扩散角来体现。显然，在本条所列举的公式中，对既有涵洞而言，a、b 是常量，a'、b' 是变量。a'、b' 与所计算的深度相关，其计算方法与 a、b 相同。为简化计算，对涵洞高度较小的涵洞（如管涵）可以取 $a = a'$、$b = b'$。

9.3 洞身上部计算

9.3.1 公路涵洞设计应采用车辆荷载、结构重力和填土重力产生的等效荷载的作用组合，根据结构形式的不同，进行承载能力极限状态和正常使用极限状态下相应的涵身结构计算。

9.3.2 钢筋混凝土圆管涵应按下列规定计算：

1 钢筋混凝土圆管涵的设计可不计算管壁环向压力和径向剪力，仅考虑管壁上的弯矩作用效应。

2 车辆荷载和填土在截面上的弯矩作用效应 M 可按式（9.3.2-1）、式（9.3.2-2）计算：

$$M = 0.137qR^2(1-\lambda) \quad (9.3.2\text{-}1)$$

$$\lambda = \tan^2(45° - \varphi/2) \quad (9.3.2\text{-}2)$$

式中：q——填土和车辆荷载产生的等效垂直压力强度（kPa），$q = q_V + q'_V$；

R——圆管涵管壁内、外径的平均半径（m）；

λ——土的侧压力系数；

φ——土的内摩擦角（°）。

3 圆管涵自重在截面上的弯矩作用效应 M_z 可按式（9.3.2-3）计算：

$$M_z = 0.369\gamma t R^2 \quad (9.3.2\text{-}3)$$

式中：γ——材料重度（kN/m³）；

t——管壁厚度（m）。

4 钢筋混凝土圆管涵结构应进行承载能力极限状态的承载能力（截面强度）和正常使用极限状态下的裂缝宽度的验算。

条文说明

随着钢管涵的出现,使得圆管涵的内含有所增加,此次修订则加以限定;另外,混凝土圆管涵在公路工程中应用极少,因此将混凝土圆管涵也改为钢筋混凝土圆管涵。

从安全角度以及最不利原则考虑,式(9.3.2-1)中土的侧压力系数仍然沿用主动土压力系数 λ。

9.3.3 钢筋混凝土盖板涵应按下列规定计算:

1 盖板的两端为铰接支撑在台身上端,台身下端与基础固接。盖板可按两端简支的板计算,可不考虑涵台传来的水平力。当涵洞结构无支撑梁时,宜按净跨径加板厚作为计算跨径计算弯矩效应,并按净跨径为计算跨径计算剪力效应。

2 板的长度与宽度之比大于或等于2时,可按简支单向板计算。

3 简支斜板的单宽最大弯矩效应可为简支正板的单宽最大弯矩效应乘以折减系数 K_α。

$$M' = K_\alpha M \tag{9.3.3-1}$$

$$l_a = l_0 + h \tag{9.3.3-2}$$

$$\gamma = 5.8 \frac{I}{J}\left(\frac{b}{l_a}\right)^2 \tag{9.3.3-3}$$

$$I = \frac{1}{12}bh^3 \tag{9.3.3-4}$$

$$J = cbh^3 \tag{9.3.3-5}$$

$$C = \frac{1}{3}\left[1 - 0.63\frac{h}{b} + 0.052\left(\frac{h}{b}\right)^5\right] \tag{9.3.3-6}$$

式中:M'——简支斜板的单宽最大弯矩效应(kN·m);

M——计算跨径为 l_a 的正板的单宽最大弯矩效应(kN·m);

K_α——弯矩效应折减系数,可依参数 γ 按表9.3.3-1取用;

l_a——斜盖板的斜计算跨径(m);

l_0——斜盖板净跨径(m);

h——斜盖板的厚度(m);

γ——弯扭参数;

I——截面抗弯惯性矩(m^4);

b——矩形截面宽度(m);

J——截面抗扭惯性矩(m^4);

c——矩形截面抗扭刚度系数,可按表9.3.3-2查取,也可按式(9.3.2-6)计算。

表 9.3.3-1 弯矩效应折减系数

γ	板 1~3 K_α				板 4 K_α				板 5 K_α				板 6 K_α			
	75°	60°	45°	30°	75°	60°	45°	30°	75°	60°	45°	30°	75°	60°	45°	30°
0.012 5	0.974	0.893	0.772	0.634	0.997	0.903	0.791	0.660	0.980	0.914	0.813	0.700	0.983	0.925	0.838	0.720
0.039 6	0.965	0.866	0.738	0.602	0.971	0.889	0.777	0.630	0.977	0.910	0.810	0.644	0.982	0.924	0.830	0.671
0.106 8	0.963	0.863	0.726	0.606	0.971	0.886	0.744	0.599	0.975	0.894	0.749	0.596	0.976	0.896	0.773	0.579
0.241 9	0.961	0.852	0.733	0.612	0.965	0.861	0.732	0.564	0.965	0.867	0.729	0.537	0.965	0.871	0.720	0.514
0.480 6	0.960	0.862	0.741	0.584	0.960	0.858	0.710	0.518	0.961	0.854	0.697	0.483	0.961	0.853	0.690	0.450
0.866 7	0.962	0.865	0.725	0.539	0.958	0.847	0.678	0.412	0.958	0.842	0.664	0.444	0.957	0.840	0.652	0.395
1.451 8	0.961	0.856	0.691	0.490	0.955	0.831	0.645	0.432	0.954	0.825	0.627	0.398	0.954	0.823	0.612	0.352
2.295 3	0.958	0.837	0.651	0.447	0.951	0.814	0.613	0.398	0.949	0.806	0.593	0.372	0.949	0.803	0.574	0.319
3.464 5	0.952	0.815	0.613	0.412	0.946	0.796	0.584	0.371	0.944	0.787	0.566	0.350	0.943	0.783	0.542	0.298

γ	板 6 K_α				板 7 K_α				板 8 K_α				板 9 K_α			
	75°	60°	45°	30°	75°	60°	45°	30°	75°	60°	45°	30°	75°	60°	45°	30°
0.012 5			0.839	0.739		0.936	0.864	0.767	0.988	0.946	0.883	0.785	0.990	0.954	0.897	0.798
0.039 6			0.826	0.655		0.932	0.833	0.660	0.986	0.935	0.837	0.663	0.987	0.937	0.838	0.671
0.106 8			0.756	0.581		0.897	0.772	0.583	0.977	0.898	0.775	0.580	0.977	0.904	0.778	0.579
0.241 9			0.722	0.524		0.876	0.721	0.518	0.969	0.876	0.721	0.515	0.969	0.876	0.720	0.514
0.480 6			0.692	0.467		0.853	0.691	0.458	0.961	0.853	0.690	0.453	0.961	0.853	0.690	0.450
0.866 7			0.657	0.417		0.840	0.654	0.406	0.957	0.839	0.653	0.400	0.957	0.839	0.652	0.395
1.451 8			0.619	0.377		0.822	0.615	0.365	0.953	0.822	0.613	0.357	0.953	0.821	0.612	0.352
2.295 3			0.584	0.349		0.802	0.579	0.334	0.948	0.801	0.576	0.324	0.948	0.801	0.574	0.319
2.464 5			0.553	0.330		0.782	0.547	0.316	0.943	0.781	0.544	0.305	0.943	0.780	0.542	0.298

注：1. 表中所列角度为板端简支边与自由边之间的夹角。
2. 表中板 $i(i=1\sim9)$ 表示斜交板涵横向铰接盖板数量。
3. 本表仅适用于铰接板明涵。

表9.3.3-2 矩形截面的抗扭刚度系数

t/b	1	0.9	0.8	0.7	0.6	0.5	0.4	0.3	0.2	0.1	<0.1
c	0.141	0.155	0.171	0.189	0.209	0.229	0.250	0.270	0.291	0.312	1/3

4 盖板涵结构应进行承载能力极限状态的承载能力(正截面强度和斜截面强度)和正常使用极限状态下的裂缝宽度、刚度(挠度)的验算。

条文说明

原细则表9.3.3-1源自《横向铰结斜梁(板)桥实用计算方法》(席振坤著),主要适用于铰接板桥,因此对盖板明涵较为适用。

9.3.4 钢筋混凝土箱涵应按下列规定计算：

1 钢筋混凝土箱涵可按矩形框架设计、计算,框架的轴线以构件混凝土断面的重心轴线为准。进行超静定结构内力效应分析时,可按全截面考虑。

2 箱涵的顶板、底板和侧墙可按偏心受压构件设计、配筋,其中顶板和底板也可按受弯构件设计、配筋(不计轴向力的影响),二者取最不利工况控制设计。

3 明箱涵要考虑温度作用时,应根据当地具体情况、结构物使用的材料和施工条件等因素计算由温度作用引起的结构效应,暗涵可不考虑；底板、侧板分期浇筑时,应考虑混凝土收缩的影响。

4 箱涵结构的顶板、底板和侧板应进行承载能力极限状态的承载能力(正截面强度和斜截面强度)和正常使用极限状态下的裂缝宽度、刚度(挠度)的验算。

5 钢筋混凝土箱涵的设计应验算涵底的地基承载力,并应满足相关规范的要求。

9.3.5 拱涵应按下列规定计算：

1 拱涵的拱圈宜按无铰拱计算,其矢跨比不宜小于1/4。圬工拱涵可不考虑曲率、剪切变形、弹性压缩、温度作用效应和混凝土收缩效应；钢筋混凝土拱涵尚应考虑弹性压缩、收缩、徐变等作用效应。

2 圬工拱涵的主拱圈高度h可按式(9.3.5-1)、式(9.3.5-2)估算：

$$h = 0.06 + 0.137\sqrt{R_0 + l_0/2} \qquad (9.3.5\text{-}1)$$

$$R_0 = \frac{l_0}{2\sin\varphi_0} = \frac{f_0}{1-\cos\varphi_0} \qquad (9.3.5\text{-}2)$$

式中：h——主拱圈高度(m);

l_0——圆弧拱净跨径(m);

R_0——拱腹线半径(m);

φ_0——拱脚至圆心的连线与垂线的交角(半圆心角)(°);

f_0——净矢高(m)。

3 拱涵的拱圈应进行承载能力极限状态的承载能力(正截面强度)、稳定性验算。
4 圬工拱涵不宜采用现浇素混凝土。

条文说明

本次修订对原细则中第9.3.5条第3款中圬工拱涵的主拱圈高度 h 计算公式进行了更正，供设计计算时拟定拱圈截面尺寸时参考。

9.3.6 波纹钢管(板)涵应按下列规定计算：
1 波纹钢管(板)涵设计可不考虑涵身自重产生的等效荷载的作用效应，对跨径较大和填土高度较大的波纹钢管(板)涵，应进行柔度计算或施工阶段强度验算。
2 应按承载能力极限状态和正常使用极限状态对波纹钢管(板)涵的覆土高度、结构内力、结构稳定、连接强度和变形等分别进行验算。
3 若工点存在腐蚀性水体、土体或对涵洞有冲刷、磨蚀等损害结构耐久性的安全隐患时，应按现行钢结构桥梁耐久性处置措施进行耐久性设计。

条文说明

钢波纹管(板)于1784年最早诞生于英国，美国于1896年首先进行了波纹板通道、涵管的研究，从而将钢波纹管结构正式应用于涵洞工程。其后，英国、加拿大、澳大利亚等国都对钢波纹管(板)涵进行了系统研究与应用。自二十世纪七十年代以来英国、美国、加拿大、澳大利亚、日本、韩国、意大利等国家均制定了钢波纹管涵相关设计、制造及施工安装手册及技术标准，积累了较为成熟的工程经验。我国公路钢波纹管(板)涵最早应用于二十世纪五十年代的青藏公路，并于二十世纪九十年代末逐步开展公路钢波纹管(板)涵的应用、研究及生产。进入二十一世纪以来，钢波纹管(板)涵开始大量运用于内蒙古、新疆、河北、青海、山西等地，并取得了良好的工程效果。基于已有研究成果及工程应用实例，本次修订新增钢波纹管(板)涵设计相关内容。

9.4 涵洞墩台计算

9.4.1 盖板涵墩台应按下列规定进行计算：
1 应将涵台上部盖板与涵底支撑梁或固定基础作为涵台的上下支撑点，涵台作为上下端简支的竖梁，验算墙身在竖直荷载和水平压力作用下的承载能力(强度和稳定性)。
2 应将涵台(轻型)身、一字墙(当一字墙和涵台结成整体时)和基础视为弹性地基上的短梁，验算涵台在轴线方向竖直平面内的承载能力。

9.4.2 拱涵墩台应按下列规定进行计算：
1 拱涵涵台的设计和验算应考虑恒载与全孔或半孔车辆荷载及其单侧水平推力的

组合状况。

  2 拱涵涵台应按偏心受压构件验算台墙的承载能力(正截面强度和稳定性)。
  3 抗倾覆和抗滑动的稳定系数均不应低于1.3。

9.4.3 应验算涵墩台下地基土的承载能力。

条文说明

  9.4.1~9.4.3 明确了盖板涵、拱涵墩台(多孔涵洞)的计算规定，将原细则中的地基承载能力要求合并为第9.4.3条，按《公路桥涵地基与基础设计规范》(JTG 3363—2019)的要求验算涵墩台下地基土的承载能力。

9.4.4 整体式涵洞基础底面的地基土承载力，宜沿涵长根据不同的填土高度分段计算。

条文说明

  将原细则第9.3.5条第2款移至第9.4.4条，整体式涵洞基础常用于拱涵及盖板涵，放入涵墩台一节单列一条较为合理。

9.4.5 整体式基础可按偏心受压构件计算，计算弯矩时其计算跨径可取两台身间净距的1.15倍，但不应大于两台间中心距，计算剪力时其计算跨径可取两台身间净距。台身处基础弯矩可取 $M = 0.7M_0$，基础跨中弯矩可取 $M = -0.7M_0$，其中 M_0 为与计算跨径相应的简支梁跨中弯矩。

条文说明

  新增整体式涵洞基础的计算规定，以指导结构配筋设计。

9.5 洞口构造计算

9.5.1 八字翼墙、端墙可参照挡土墙的计算方法，应分别验算其滑动稳定、倾覆稳定、基底应力、基底偏心距和墙身强度。

9.5.2 八字翼墙可按独立墙计算，也可根据八字翼墙的高度、厚度的变化，取单位长度作为计算单元。

附录 A 石材试件强度的换算系数及石砌体分类

A.0.1 石材的强度等级,应用边长为 70mm 的立方体试块的抗压强度表示,当采用其他长尺寸时,应乘以表 A.0.1 的换算系数进行换算。

表 A.0.1 石材试件强度的换算系数

立方体试件边长(mm)	200	150	100	70	50
换算系数	1.43	1.28	1.14	1.00	0.86

A.0.2 石砌体分类应符合下列规定:

1　细料石。砌块厚度 200~300mm 的石材,宽度为厚度的 1.0~1.5 倍,长度为厚度的 2.5~4.0 倍,表面凹陷深度不大于 10mm,外形方正的六面体,错缝砌筑。砌筑缝宽不应大于 10mm。

2　半细料石。砌块表面凹陷深度不大于 15mm,缝宽不大于 15mm,其他要求同细料石砌体。

3　粗料石。砌块表面凹陷深度不大于 20mm,缝宽不大于 20mm,其他要求同细料石砌体。

4　块石。砌块厚度 200~300mm 的石材,形状大致方正,宽度约为厚度的 1.0~1.5 倍,长度约为厚度的 1.5~3.0 倍,每层石材高度大致一律,并错缝砌筑。

5　片石。砌块厚度不小于 150mm 的石材,砌筑时敲去其尖锐凸出部分,平稳放置,可用小石块填塞空隙。

A.0.3 混凝土预制块砌体各项规格、尺寸应与细料石砌体相同。

附录B 水文计算图表

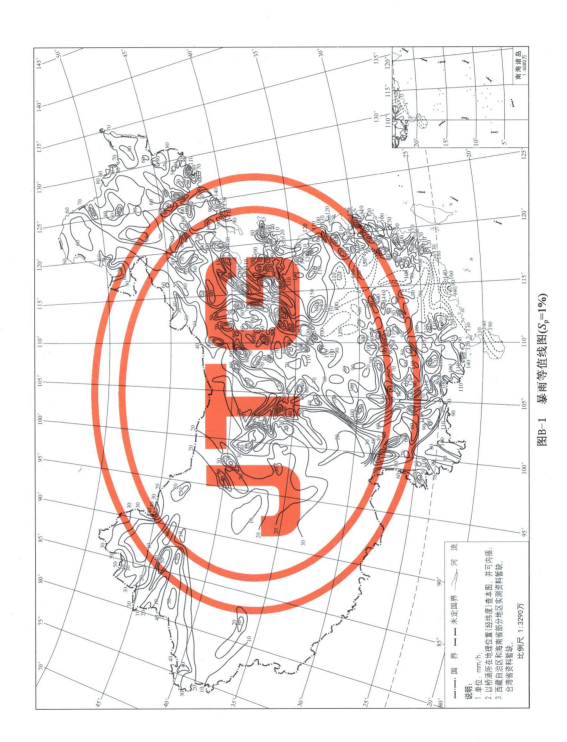

图B-1 暴雨等值线图 ($S_p=1\%$)

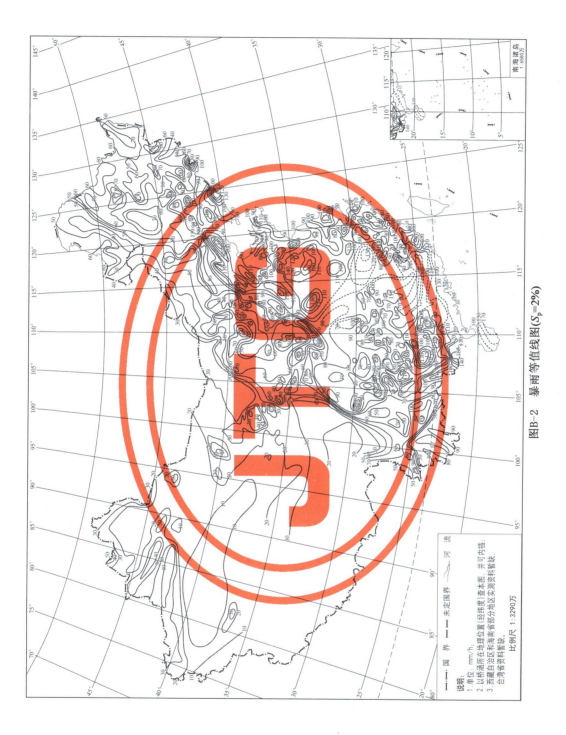

图B-2 暴雨等值线图($S_p = 2\%$)

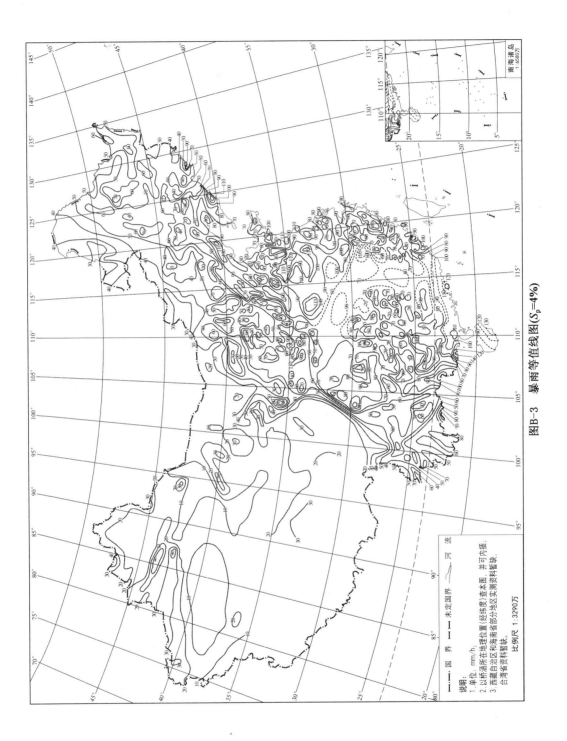

图B-3 暴雨等值线图($S_p=4\%$)

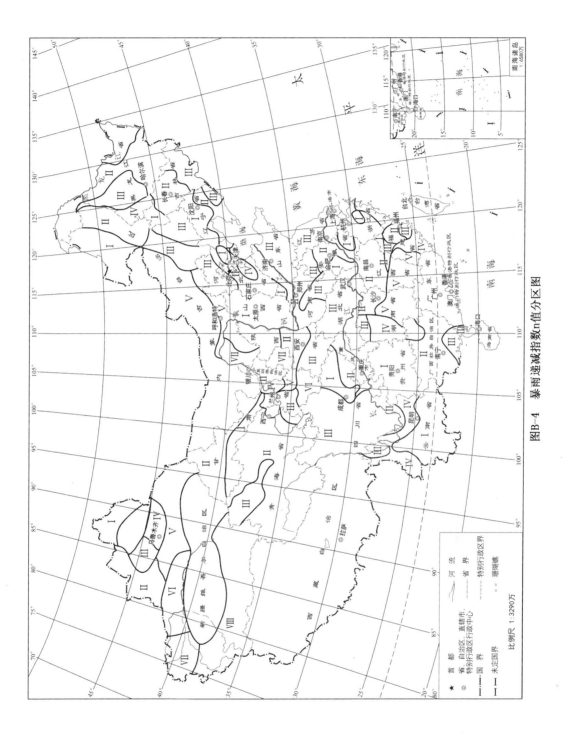

图B-4 暴雨递减指数n值分区图

表 B-1 汇流时间的分区和系数指数值

省(自治区)名称	分区	分区、指标	K_3	α_1	K_4	α_2	β_3
河北	I	河北平原区	0.70	0.41			
河北	II	冀北山区	0.65	0.38			
河北	II	冀西北山间盆地	0.58	0.39			
河北	II	冀西山区	0.58	0.40			
河北	III	坝上高原区	0.45	0.18			
山西		土石山覆盖的林区	0.15	0.42			
山西		煤矿塌陷漏水区和严重风化区	0.13	0.42			
山西		黄土丘陵区	0.10	0.42			
四川		盆地丘陵区 $I_z \leq 10‰$			3.67	0.620	0.203
四川		青衣江区 $I_z > 10‰$			3.67	0.516	0.203
四川		盆缘山区 $I_z \leq 15‰$ 及西昌区			3.29	0.696	0.239
四川		$I_z \geq 15‰$			3.29	0.536	0.239
安徽	I	$I_z > 15‰$			$\begin{cases} F<(90) 37.5 \\ F>(90) 26.3 \end{cases}$	0.925	0.725
安徽	II	10‰~15‰			11	0.512	0.395
安徽	III	5‰~10‰			29	0.810	0.544
安徽	IV	<5‰			14.3	0.30	0.330
湖南	I	湘资水系	5.59	0.380			
湖南	II	沅水系	3.79	0.197			
湖南	III	沣水系	1.57	0.636			
宁夏	I	山区	0.14	0.44			
宁夏	II	丘陵区	0.38	0.21			
广西	I	山区	0.56	0.306			
广西	II	丘陵区	0.42	0.419			
甘肃	I	平原	0.96	0.71			
甘肃	II	丘陵区	0.62	0.71			
甘肃	III	山区	0.39	0.71			
吉林	I		0.00035	1.40			
吉林	II		0.032	0.84			
吉林	III		0.022	1.45			
河南	I		0.73	0.32			
河南	II		0.038	0.75			
河南	III		0.63	0.15			
河南	IV		0.80	0.20			

续表 B-1

省(自治区)名称	分区	分区、指标	系数、指数				
			K_3	α_1	K_4	α_2	β_3
青海	I	东部区	0.871	0.75			
	II	内陆区	0.96	0.747			
新疆	I	$50 < F \leq 200$	0.60	0.65			
	II	$F > 200$	0.20	0.65			
浙江	I	浙北地区			72.0	0.187	0.90
	II	浙东南沿海区			72.0	0.187	0.90
	III	浙西南、西北山区及中部丘陵区			72.0	0.187	0.90
	IV	杭嘉湖平原边缘地势平缓地区			105.0	0.187	0.90
内蒙古	I	大兴安岭中段余脉山地丘陵区	0.334~0.537	0.16			
	II	黄河流域山地丘陵区	0.334~0.537	0.16			
福建	I	平原区			1.8	0.48	0.51
	II	丘陵区			2.0	0.48	0.51
	III	山区			2.6	0.48	0.51
贵州	I	平丘区	0.080	0.713			
	II	浅山区	0.193	0.713			
	III	深山区	0.302	0.713			

注：表中 I_Z 为主河沟平均坡度(‰)；F 为汇水面积(km^2)。

表 B-2　暴雨递减指数 n 值分区

省(自治区)名称	分　区	n 值		
		n_1	n_2	n_3
内蒙古	I	0.62	0.79	0.86
	II	0.60	0.76	0.79
	III	0.59	0.76	0.80
	IV	0.65	0.73	0.75
	V	0.63	0.76	0.81
	VI	0.59	0.71	0.77
	VII	0.62	0.74	0.82
陕西	I	0.59	0.71	0.78
	II	0.52	0.75	0.81
	III	0.52	0.72	0.78

续表 B-2

省(自治区)名称	分 区	n 值		
		n_1	n_2	n_3
福建	Ⅰ	0.53	0.65	0.70
	Ⅱ	0.52	0.69	0.73
	Ⅲ	0.47	0.65	0.70
	Ⅳ	0.48	0.65	0.73
	Ⅴ	0.51	0.67	0.70
浙江	Ⅰ	0.60	0.65	0.78
	Ⅱ	0.49	0.62	0.65
	Ⅲ	0.53	0.68	0.73
安徽	Ⅰ		0.61	0.69
	Ⅱ	0.38	0.69	0.69
	Ⅲ	0.39	0.76	0.77
甘肃	Ⅰ	0.69	0.72	0.78
	Ⅱ	0.61	0.76	0.82
	Ⅲ	0.62	0.77	0.85
	Ⅳ	0.55	0.65	0.82
	Ⅴ	0.58	0.74	0.85
	Ⅵ	0.49	0.59	0.84
	Ⅶ	0.53	0.66	0.75
宁夏	Ⅰ	0.52	0.62	0.81
	Ⅱ	0.58	0.66	0.75
湖南	Ⅰ	0.45	0.62~0.63	0.70~0.75
	Ⅱ	0.30~0.40	0.65~0.70	0.75
	Ⅲ	0.40~0.50	0.55~0.60	0.70~0.80
	Ⅳ	0.40~0.50	0.65~0.70	0.75~0.80
	Ⅴ	0.40~0.50	0.70~0.75	0.75~0.80
辽宁	Ⅰ	0.60~0.66	0.70~0.74	
	Ⅱ	0.60~0.55	0.70~0.60	
	Ⅲ	0.55~0.50	0.60~0.55	
四川	Ⅰ	0.50	0.60~0.65	
	Ⅱ	0.45	0.70~0.75	
	Ⅲ	0.73	0.70~0.75	
青海	Ⅰ	0.49	0.75	0.87
	Ⅱ	0.47	0.76	0.82
	Ⅲ	0.65	0.78	

续表 B-2

省(自治区)名称	分 区	n 值		
		n_1	n_2	n_3
吉林	Ⅰ	0.56	0.70	0.76
	Ⅱ	0.56	0.75	0.82
	Ⅲ	0.60	0.69	0.75
河南	Ⅰ	0.55~0.60	0.65~0.70	0.75~0.80
	Ⅱ	0.50~0.55	0.70~0.75	0.75~0.80
	Ⅲ	0.45~0.50	0.60~0.65	0.75
广西	Ⅰ	0.38~0.43	0.65~0.70	0.70~0.73
	Ⅱ	0.40~0.45	0.70~0.75	0.75~0.85
	Ⅲ	0.40~0.45	0.60~0.65	0.75~0.85
新疆	Ⅰ	0.63	0.70	0.84
	Ⅱ	0.73	0.78	0.85
	Ⅲ	0.56	0.72	0.88
	Ⅳ	0.45	0.64	0.80
	Ⅴ	0.63	0.77	0.91
	Ⅵ	0.62	0.74	0.80
	Ⅶ	0.60	0.72	0.86
	Ⅷ	0.60	0.66	0.85
山西		0.60	0.70	
贵州		0.47	0.69	0.80
河北	Ⅰ	0.40~0.50	0.50~0.60	0.65
	Ⅱ	0.50~0.55	0.60~0.70	0.70
	Ⅲ	0.55	0.60	0.60~0.70
	Ⅳ	0.30~0.40	0.70~0.75	0.75~0.80
云南	Ⅰ	0.50~0.55	0.75~0.80	0.75~0.80
	Ⅱ	0.45~0.55	0.70~0.80	0.75~0.80
	Ⅲ	0.55	0.60	0.65
	Ⅳ	0.50~0.45	0.65~0.75	0.70~0.80

注：n_1 为小于 1h 的暴雨递补指数；n_2 为 1~6h 的暴雨递补指数；n_3 为 6~24h 暴雨递补指数。

表 B-3　损失参数的分区和系数指数值

省(自治区)名称	分区	分区、指标	系数、指数				
			K_1	β_1	K_2	β_2	λ_1
河北	Ⅰ	河北平原区	1.23	0.61			
	Ⅱ	冀北山区	0.95	0.60			
		冀西北山间盆地	1.15	0.58			
	Ⅲ	冀西山区	1.12	0.56			
		坝上高原区	1.52	0.50			

续表 B-3

省(自治区)名称	分区	分区、指标	系数、指数				
			K_1	β_1	K_2	β_2	λ_1
山西	I	煤矿塌陷和森林覆盖较好地区	0.85	0.98			
	II	裸露石山区	0.25	0.98			
	III	黄土丘陵区	0.65	0.98			
四川	I	青衣江区			0.742	0.542	0.222
	II	盆地丘陵区			0.270	0.897	0.272
	III	盆缘山区			0.263	0.887	0.281
安徽	II	根据表 B-4 土壤分类			0.755	0.74	0.017 1
	III				0.103	1.21	0.042 5
	IV				0.406	1.00	0.110 4
	V				0.520	0.94	0
	VI				0.332	1.099	0
宁夏	IV	根据表 B-4 土壤分类	0.93	0.86			
	V		1.98	0.69			
湖南	I	湘资流域	0.697	0.567			
	II	沅水流域	0.213	0.940			
	III	沣水流域	1.925	0.223			
甘肃	II	根据表 B-4 土壤分类	0.65	0.82			
	III		0.75	0.84			
	IV		0.75	0.86			
吉林	II	根据表 B-4 土壤分类	0.12	1.44			
	III		0.13	1.37			
	IV		0.29	1.01			
	V		0.29	1.01			
河南	I	根据河南省 n 值分区图	0.002 3	1.75			
	II		0.057	1.0			
	III		1.0	0.71			
	IV		0.80	0.51			
青海	I	东部区	0.52	0.774			
	II	内陆区	0.32	0.913			
新疆	I	$50 < F < 200$	0.46	1.09			
	II	$F < 200$	0.68	1.09			
浙江	I	浙北地区	0.08	0.15			
	II	浙东南沿海区	0.10 ~ 0.11	0.15			
	III	浙西南、西北及东部丘陵区	0.13 ~ 0.14	0.15			
	IV	杭嘉湖平原边缘地势平缓区	0.15	0.15			

续表 B-3

省（自治区）名称	分区	分区、指标	系数、指数				
			K_1	β_1	K_2	β_2	λ_1
内蒙古	Ⅳ	大兴安岭中段及余脉山区	0.517~0.83	0.4~0.71			
	Ⅵ	黄河流域山地丘陵区	1.0	1.05			
福建		全省通用	0.34	0.93			
贵州	Ⅰ	深山区			1.17	1.099	0.437
	Ⅱ	浅山区			0.51	1.099	0.437
	Ⅲ	平丘区			0.31	1.099	0.437
广西	Ⅰ	丘陵区	0.52	0.774			
	Ⅱ	山区	0.32	0.915			

注：表中 F 为汇水面积（km^2）。

表 B-4 土与植被分类

类 别	特 征
Ⅱ	黏土、盐碱土地面，土壤瘠薄的岩石地区；植被差，轻微风化的岩石地区
Ⅲ	植被差的沙质黏土；地面土层较薄的土面山区，植被中等、风化中等的山区
Ⅳ	植被差的一般黏砂土地面；风化严重土层厚的山区；草灌较厚的山丘区或草地；人工幼林区；水土流失中等的黄土地面区
Ⅴ	植被差的一般砂土地面；土层较厚森林较密的地区；有大面积水土保持措施治理较好的土质
Ⅵ	无植被松散的砂土地面，茂密并有枯枝落叶层的原始森林

表 B-5 径流公式中的地貌系数 ψ 值

地 形	按主河沟平均坡度 I_z(‰)	汇水面积 F(km^2) 的范围		
		$F<10$	$10<F<20$	$20<F<30$
平地	1.2	0.05	0.05	0.05
平原	3，4，6	0.07	0.06	0.06
丘陵	10，14，20	0.09	0.07	0.06
山地	27，35，45	0.10	0.09	0.07
山岭	60~100	0.13	0.11	0.08
	100~200	0.14		
	200~400	0.15		
	400~800	0.16		
	800~1 200	0.17		

注：表中 $I_z>100‰$ 的 ψ 值，系参考铁路科学研究院资料拟定，仅供参考。

表 B-6 暴雨分区

区别	分区界线				分区范围
	东	南	西	北	
第1区	由黄河口起至太行山东麓	黄河	五台山、太行山	燕山山脉	主要是太行山东面山区，包括：河北西北部，河南西北角，山西东部一部分
第2区	黄河	黄河	太行山麓	海河	华北平原，包括：河北大部分、山东黄河以北、河南黄河以北的北角一小部分
第3区	黄海	沂河	运河	黄河、渤海	山东半岛，包括：山东大部、江苏北部一小部分，山东西南角
第4区	黄海	天目山、黄山、大别山、大洪山、荆山	武当山、巫山	沂河、运河、黄河、嵩河	淮河流域和长江下游平原，包括：江苏全部，安徽、河南的绝大部分，湖北北部的一小部分、山东西南角
第5区	武夷山	大庾岭和沿广西北部省界山脉	武陵山脉	黄山、大别山、大洪山、荆山	长江流域中游平原，包括：湖南全部，江西、湖北一部分，安徽西南角，浙江、广西一小部分
第6区	括苍山、戴云山	罗浮山、九连山	武夷山、大庾岭、北江与西江分水岭	天目山	东南丘陵区，包括：浙江、福建、广东大部分，江西东南角
第7区	东海、台湾海峡	韩江、九龙江分水岭	括苍山、戴云山	杭州湾	东南丘陵区，包括：浙江、福建一部分
第8区	韩江与九龙江分水岭	南海	国界	罗浮山、九连山、云开山、十万大山	东南丘陵区，包括：广东大部分，广西南部一小部分
第9区	北江、西江分水岭	云开大山，十万大山	沿经度106°山脉	沿省界山脉、苗岭山脉	东南丘陵区，包括：广西大部分，广东西部一小部分
第10区	武陵山脉	苗岭、国界	沿经度107°山脉，大娄山，沿经度104°山脉	大巴山	云贵高原区，包括：贵州全部、陕西、湖北、四川、云南的一部分和广西北角
第11区	沿经度104°山脉	国界	横断山	纬度28°	云贵高原区，包括：云南大部分，四川一小部分
第12区	沿经度107°山脉	大娄山	茶坪山、邛莱山、夹金山、大相岭	米仓山、摩天岭	四川盆地区，包括：四川大部分
第13区	大兴安岭、太行山、五台山、武当山、巫山	大巴山	洛河、泾河发源山脉分水岭	长城	黄土高原区，包括：山西大部分、河北、陕西、甘肃的一部分
第14区	大兴安岭	太行山、五台山	贺兰山、六盘水	阴山、锡林浩特、国界	北部高原和黄河岸高原，包括：内蒙古的大部分，河北、山西、甘肃的一小部分

续表 B-6

区别	分区界线				分区范围
	东	南	西	北	
第15区	小兴安岭	大、小兴安岭南麓	大兴安岭	国界	黑龙江和内蒙古的一部分
第16区	国界	国界、龙江山、公主岭、双山、燕山山脉	大兴安岭	国界、小兴安岭南麓	松花江平原,包括:黑龙江、吉林、辽宁、内蒙古的一部分
第17区	龙江山、公主岭	千山、辽东湾	大兴安岭东麓	双山	辽河平原区,包括:辽宁的大部分,吉林、内蒙古、河北的一部分
第18区	鸭绿江	西朝鲜湾	旅大、本溪的连线	龙江山、千山	辽东半岛区,包括:辽宁的一部分

注:1. 海南用第8区资料,兰州可用14区的暴雨资料。
2. 新疆、西藏等地区,因形成最大洪水多半为融雪水,不在本分区方案之内。
3. 台湾尚未分区。
4. 区内山区迎风坡常出现较大暴雨,分区用的降雨量-历时-重现期曲线系代表平均情况,因此在使用时应加注意。这些山区(根据现有资料)有:泰山南面山区;黄山山区;湘西山区;峨眉山山区;邛崃山区;腾冲附近;横断山脉;广西西北山区;还有受台风影响的沿海地区迎风坡也常有大暴雨出现。

表 B-7a 土 的 吸 水 类 属

类 别	名 称	含砂率(%)
Ⅰ	无缝岩石、沥青面、混凝土面、冻土、重黏土、沼泽土、冰沼土、水稻土	0~5
Ⅱ	黏土、盐土、碱土、龟裂地、山地草甸土	5~15
Ⅲ	壤土(亚黏土)、红壤、黄壤、灰化土、灰钙土、漠钙土、紫色土	15~35
Ⅳ	黑钙土、黄土、栗钙土、灰色森林土、棕色森林土(棕壤)、褐色土、生草少壤土,冲积性土壤	35~65
Ⅴ	沙壤土(亚砂土)、生草的沙	65~85
Ⅵ	沙	85~100

注:1. 表中所指含砂率的砂粒径为 0.05~3mm。
2. 土取样位置在地面下 0.2~0.5m。
3. 取样质量为 200g。
4. 根据土的类别确定径流厚度时,应考虑下列因素,酌予提高或降低类别:
 (1)如某种土的含砂百分数大于表列该类别平均值范围,可酌提高 1~2 类;如红壤为Ⅲ类,含砂 60% 时,可作为Ⅵ类;
 (2)如底土不透水,视表土较薄,可降低一类,如沙壤土为Ⅴ类,底土不透水,可作为Ⅳ类;
 (3)对耕作土或异常松散土,可酌提高 1~2 类;
 (4)如土中有遇水不闭合的裂隙(如岩石裂缝);或植物(森林)根系通道、虫孔、动物孔洞等较多时,可提高 1~2 类;
 (5)土中夹杂碎石、卵石、砾石特多时,可提高 1~2 类;
 (6)在含砂量分析试验条件不足时,可参考表 B-7b,通过调查土的特征,确定土的名称及其吸水类属。

表 B-7b 按土的名称确定土的吸水类属

编号	土的名称	说明与特征	土的吸水类属
1	无缝岩石	石山、不风化或风化很微弱	Ⅰ
2	沥青面、混凝土面	道路路面、飞机场跑道等	Ⅰ
3	冻土	气候严寒，永冻层离地面很浅	Ⅰ
4	重黏土	土质滑腻、湿时可搓成条，弯曲不断，如所谓"死泥田"	Ⅰ
5	冻沼土	属苔原气候带，大部分地面被雪原和冰川所覆盖，植物为真藓、地衣、苔草、小灌木；基本特征是无森林。底土为永久冻层，表土为半泥炭的腐殖层。分布在我国新疆、西藏高山雪线以上地区，四川西部松潘高山高原的顶部等处	Ⅰ~Ⅱ
6	沼泽土	在湿生草类及苔藓植物生长环境发育的土壤，地下水位高或长年积水。通常分泥炭层与潜育层。泥炭湿时呈暗棕色或深黑色，无结构，吸水性强，几乎不透水。我国东北东部及大、小兴安岭的山峪地区以及各地的沼泽低洼地区都有分布	Ⅰ~Ⅱ
7	水稻土	长期种植水稻，表土的黏化(熟化)层相当厚(>20cm)	Ⅰ~Ⅱ
8	黏土	无粗糙感觉，湿时可搓成条，弯曲难断，如所谓"胶泥田"	Ⅱ
9	龟裂地	干燥时开裂，雨后裂缝消失	Ⅱ
10	盐土	分布于西北、内蒙古和东北的干旱及半干旱地区的低地，华北平原、渤海及东海的滨海地区亦分布较广。土中含有各种易溶性盐类，并生长耐盐性植物，如藜科的盐蒿等。表层呈显著片状，并有白色盐霜	Ⅱ
11	碱土	分布于东北、内蒙古和西北等干旱地区的低平地带，表土为灰色或淡灰色的淋溶层，厚几厘米至30cm不等，其下淀积层显褐色，呈柱状、棱柱状或角粒状。生长耐盐碱植物，如碱蓬、马蔺草、地肤等	Ⅱ
12	山地草甸土	分布于青藏高原、西北及西南山地，多位于森林线以上，雪线以下地带。降水量不少，而温暖时期很短，腐殖土层较厚。以草甸植物为主，杂生灌丛	Ⅱ~Ⅲ
13	壤土(亚黏土)	湿时可搓成条，弯曲有裂痕	Ⅱ~Ⅲ
14	红壤	长江以南，东至沿海，西至云贵，南迄海南岛均有分布。发育于气候温暖多雨、森林植被下。农作物以水稻居首，植物生长迅速，种类繁多，以常绿阔叶林居多。剖面呈鲜红色、均匀、疏松和很厚的层次，富含三水铝矿和其他以氧化铁形态为主的矿物	Ⅱ~Ⅲ
15	黄壤	分布地区和红壤同，以贵州最广。其发育过程也近似于红壤，多处地形平坦、排水不良长期湿润的条件下，因地形平坦，冲刷不如红壤剧烈。一般在表面有灰黄色有机薄层，下接黄色黏重的黄壤，富含以水化铁形态为主的针铁矿和多水高岭石	Ⅱ~Ⅲ

续表 B-7b

编号	土的名称	说明与特征	土的吸水类属
16	紫色土	分布以四川最广，贵州和云南也有，是发育于紫红色砂页岩上的黄壤型土壤，剖面呈紫色	Ⅱ～Ⅲ
17	灰化土	在密闭的森林植物被覆下形成。特征是：在森林残落物层下有明显的呈淡色或白色的灰化层。发育很好的灰化土在我国较少。东北林区若干山地所发现的主要是属生草灰化土亚类，特征是：森林稀疏，林下有草本植物的侵入，使表层的腐殖质增加	Ⅱ～Ⅲ
18	灰钙土	沙漠盆地的四周，夏季炎热，冬季严寒，空气干燥，年雨量300mm以下。土壤呈灰色，下层有石灰淀积层。植物生长较多，腐殖质含量少。分布于内蒙古、新疆等地，一般在漠钙土之北或地势较高之处	Ⅲ～Ⅳ
19	漠钙土	气候较灰钙土更为干旱，植被稀少，以乌草为主。土色以淡棕色为主，略带红色或灰色。表层细粒物质常为风刮去，仅留石砾于地表。主要分布在内蒙古、新疆、甘肃西部与宁夏等地	Ⅲ～Ⅳ
20	黑钙土	草甸草原下形成，由于干燥与冰冻，（乌敏酸盐）蓄积于土中，染土粒为灰黑色，甚至黑色。腐殖质多，团粒结构显著，夏季炎热，冬季严寒，气候干燥，缺水，微生物活动少，有机物不易矿化。主要分布在东北和内蒙古。我国黑钙土一般腐殖质层较薄，可列为Ⅳ类；但如腐殖质厚，则应列第Ⅲ类	Ⅲ～Ⅳ
21	灰色森林土	森林草原地带，植被为阔叶森林及灌丛草甸，也有针叶树木。气候干燥、温暖，是生草灰化土与黑钙土之间的过渡地带。以灰色为主。因为森林根系的发展，使土壤透水性比灰化土高而接近黑钙土。分布于华北平原西端及青海等处	Ⅲ～Ⅳ
22	棕色森林土(棕壤)	分布范围自辽东半岛、辽宁西南部，向南一直到长江沿岸和我国西部山地、高原一带，是温暖湿润气候下，落叶与阔叶森林植物群落下发育的土壤。全剖面层次不甚明显，以棕色为主。颗粒成分相当黏重，有未灰化的和灰化的。最强烈灰化层与灰化土的灰化层不同，不呈白色而呈浅黄色	Ⅲ～Ⅳ
23	森林棕钙土(褐土)	分布于河北东北部、华北平原西端、黄土高原东南部、西北及四川西部山地等较干燥而温暖的地带。发育于森林和草原地带之间的森林草原植物群落下，表面有浅薄森林残落物层，无灰化性质，或因生草的影响，为富含腐殖质层，其下为棕色层，呈粒状，厚50～70cm或更厚，再下为明显钙积层，生长旱生森林和灌丛草甸	Ⅲ～Ⅳ
24	栗钙土	新疆、西北和内蒙古等沙漠盆地四周分布很广，东北大兴安岭西麓亦有。气候较干旱，夏热冬寒。西北的栗钙土多发育于黄土性母质土。表土栗色，呈大块及粉末状，底层为浅黄棕色，富含石灰质的层次。最多的植物为羽茅、狐茅及蒿类	Ⅲ～Ⅳ

续表 B-7b

编号	土的名称	说明与特征	土的吸水类属
25	黄土性土壤（黄土多孔性土）	分布于华北及西北黄土高原上，以山西、陕西、甘肃几省较多。大部是风成沉积，在干燥气候下，细颗粒不断风积而成多孔性土，剖面多成峭壁，具有眼能辨别的管形孔隙，呈灰棕色、棕色及红色，土层厚、疏松、无层理，含大量石灰质，颗粒成分以粉土居多。降水时，水沿管形孔隙直下甚速，但孔隙被破坏时，则渗入甚缓	Ⅲ～Ⅳ
26	冲积性土壤	能生长植物的冲积物而未经历过长期的成土过程的土壤，土层深厚、肥沃、透水和含有腐殖质	Ⅳ
27	生草沙壤土	同沙壤土，有草类植被	Ⅳ
28	沙壤土（亚砂土）	湿时不易搓成条	Ⅴ
29	生草的沙	同沙，有草类植被	Ⅴ
30	沙	手摸时有粗糙感觉，肉眼也可以分辨沙粒，搓不成土条	Ⅵ

表 B-8 汇流时间

汇水面积 $F(km^2)$	汇流时间 $\tau(min)$
$F \leq 10$	30
$10 < F \leq 20$	45
$20 < F \leq 30$	80

表 B-9 常用径流厚度 h 值（mm）

暴雨分区	土的类别	频率 P											
		$\frac{1}{25}(4\%)$				$\frac{1}{50}(2\%)$				$\frac{1}{100}(1\%)$			
		汇流时间 $\tau(min)$											
		30	45	60	80	30	45	60	80	30	45	60	80
第1区	Ⅰ	41	50	56	65	45	56	62	73	48	59	67	78
	Ⅱ	32	38	42	47	36	44	49	55	39	48	53	61
	Ⅲ	27	32	36	41	31	38	42	49	35	42	48	55
	Ⅳ	20	26	28	32	25	30	34	39	28	33	39	46
	Ⅴ	13	15	16	18	18	20	23	25	19	24	28	32
	Ⅵ	3	5	6	7	7	9	11	13	9	12	15	20
第2区	Ⅰ	48	58	64	70	51	63	71	79	57	68	77	86
	Ⅱ	38	45	50	54	43	51	57	62	48	57	63	69
	Ⅲ	32	38	42	42	37	45	50	55	43	51	56	61
	Ⅳ	27	31	35	37	30	38	42	45	36	43	47	51
	Ⅴ	18	21	21	20	22	26	28	28	28	32	34	35
	Ⅵ	3	—	—	—	8	9	9	7	12	13	14	15

续表 B-9

暴雨分区	土的类别	频率 P											
		$\frac{1}{25}(4\%)$				$\frac{1}{50}(2\%)$				$\frac{1}{100}(1\%)$			
		汇流时间 τ (min)											
		30	45	60	80	30	45	60	80	30	45	60	80
第3区	Ⅰ	52	66	75	86	56	70	81	93	60	75	85	100
	Ⅱ	43	54	62	70	48	59	67	77	52	63	72	84
	Ⅲ	37	48	56	64	41	52	61	70	46	57	64	75
	Ⅳ	32	41	47	54	37	46	52	60	41	50	57	67
	Ⅴ	24	31	36	40	28	34	39	44	31	39	45	52
	Ⅵ	13	17	20	24	15	20	24	30	19	26	32	40
第4区	Ⅰ	52	64	73	84	56	70	83	97	60	78	94	109
	Ⅱ	44	54	61	72	48	62	72	82	52	68	82	95
	Ⅲ	39	50	55	64	43	55	64	75	46	63	77	90
	Ⅳ	32	40	45	53	35	45	53	64	41	54	66	77
	Ⅴ	20	25	31	37	23	32	40	53	31	40	49	60
	Ⅵ	12	14	16	18	16	21	25	30	21	28	33	41
第5区	Ⅰ	43	55	63	72	48	60	69	78	56	69	78	89
	Ⅱ	35	44	52	60	40	50	57	65	48	59	68	77
	Ⅲ	30	39	45	52	35	43	50	57	43	52	60	68
	Ⅳ	24	31	36	42	27	34	41	47	35	44	51	59
	Ⅴ	14	19	23	26	17	23	27	32	24	31	37	42
	Ⅵ	5	6	7	9	7	9	12	15	12	15	18	22
第6区	Ⅰ	48	57	64	71	52	61	70	79	57	69	78	86
	Ⅱ	40	47	52	57	44	51	59	65	49	60	67	72
	Ⅲ	35	41	46	50	39	46	51	56	43	52	58	64
	Ⅳ	27	32	35	37	31	36	40	44	36	44	50	54
	Ⅴ	16	19	20	21	22	23	24	27	27	30	33	35
	Ⅵ	2	3	4	5	5	6	7	9	11	11	12	14
第7区	Ⅰ	54	68	76	85	60	75	86	96	66	83	95	105
	Ⅱ	46	57	64	71	52	66	74	82	59	74	84	94
	Ⅲ	41	51	57	63	47	59	68	74	53	66	76	84
	Ⅳ	34	41	45	51	39	50	56	61	46	58	65	72
	Ⅴ	21	26	30	35	29	35	41	46	33	40	46	52
	Ⅵ	9	10	12	13	17	19	20	23	19	24	26	30

续表 B-9

暴雨分区	土的类别	频率 P									
		$\frac{1}{25}$(4%)				$\frac{1}{50}$(2%)				$\frac{1}{100}$(1%)			
		汇流时间 τ(min)									
		30	45	60	80	30	45	60	80	30	45	60	80
第8区	Ⅰ	59	77	90	105	65	85	100	116	70	92	110	131
	Ⅱ	52	67	79	92	58	76	89	103	63	82	99	118
	Ⅲ	47	61	72	83	53	69	82	95	58	76	92	110
	Ⅳ	39	51	61	72	45	59	70	82	49	66	80	96
	Ⅴ	27	36	45	56	34	45	53	63	39	53	65	79
	Ⅵ	18	25	31	38	24	33	40	49	30	42	51	63
第9区	Ⅰ	58	69	75	81	63	74	80	86	70	80	87	94
	Ⅱ	50	59	62	67	56	64	68	72	63	71	77	82
	Ⅲ	46	53	56	59	51	58	62	66	57	64	69	73
	Ⅳ	38	42	45	47	43	48	50	53	48	55	56	59
	Ⅴ	26	28	28	28	30	32	33	34	37	40	40	41
	Ⅵ	6	6	7	9	10	10	11	15	18	19	21	22
第10区	Ⅰ	43	54	60	67	46	57	64	71	52	64	72	79
	Ⅱ	35	43	48	53	38	46	51	57	44	54	60	65
	Ⅲ	30	38	42	46	34	41	46	50	39	48	53	57
	Ⅳ	24	29	31	33	27	32	35	38	34	40	43	45
	Ⅴ	13	16	16	16	15	19	20	21	21	25	26	27
	Ⅵ	—	—	—	—	—	—	—	—	4	4	—	—
第11区	Ⅰ	40	50	57	64	43	56	61	68	45	55	64	73
	Ⅱ	31	39	45	50	34	43	49	55	38	48	55	62
	Ⅲ	27	34	38	42	28	36	41	46	32	40	45	51
	Ⅳ	16	24	28	30	20	26	31	35	25	31	35	41
	Ⅴ	9	15	13	11	12	15	17	19	15	20	23	25
	Ⅵ	—	—	—	—	—	—	—	—	—	—	—	—
第12区	Ⅰ	48	58	65	72	53	62	70	78	59	71	78	84
	Ⅱ	41	48	53	58	45	52	58	64	51	61	67	73
	Ⅲ	35	41	46	50	41	48	53	57	46	53	58	64
	Ⅳ	27	32	36	39	33	38	41	44	38	45	49	53
	Ⅴ	15	19	20	21	21	23	25	26	26	30	32	35
	Ⅵ	2	2	3	4	5	5	6	7	10	10	11	12

续表 B-9

暴雨分区	土的类别	频率 P											
		$\frac{1}{25}$(4%)				$\frac{1}{50}$(2%)				$\frac{1}{100}$(1%)			
		汇流时间 τ (min)											
		30	45	60	80	30	45	60	80	30	45	60	80
第13区	Ⅰ	35	41	44	48	40	47	50	54	46	52	56	61
	Ⅱ	26	29	30	32	31	35	36	37	37	41	42	44
	Ⅲ	21	24	24	24	26	30	30	30	31	35	36	37
	Ⅳ	14	15	15	14	20	21	20	20	25	26	26	27
	Ⅴ	2	—	—	—	9	6	2	1	16	14	11	6
	Ⅵ	—	—	—	—	—	—	—	—	—	—	—	—
第14区	Ⅰ	30	36	41	45	34	41	46	50	38	46	52	57
	Ⅱ	21	25	27	27	25	29	35	34	30	35	38	39
	Ⅲ	16	19	20	20	20	23	25	25	24	29	31	32
	Ⅳ	3	6	8	9	14	16	17	15	17	21	22	22
	Ⅴ	—	—	—	—	6	5	2	1	10	8	3	3
	Ⅵ	—	—	—	—	—	—	—	—	—	—	—	—
第15区	Ⅰ	37	46	51	56	39	49	57	63	44	54	62	69
	Ⅱ	29	35	37	39	31	39	44	48	36	43	48	52
	Ⅲ	23	29	31	33	25	32	36	39	30	36	41	44
	Ⅳ	17	20	22	22	19	24	27	29	23	29	33	35
	Ⅴ	10	9	—	—	13	16	14	—	15	19	20	16
	Ⅵ	—	—	—	—	—	—	—	—	—	—	—	—
第16区	Ⅰ	36	45	51	56	41	50	57	63	45	56	64	71
	Ⅱ	28	34	38	41	32	38	43	47	36	44	50	54
	Ⅲ	23	28	31	33	27	33	37	40	31	38	43	47
	Ⅳ	16	20	22	24	21	26	28	31	25	30	34	37
	Ⅴ	9	10	3	—	13	15	15	13	18	21	21	21
	Ⅵ	—	—	—	—	—	—	—	—	2	1	—	—
第17区	Ⅰ	52	64	70	76	58	70	78	85	66	79	86	93
	Ⅱ	44	52	56	61	50	59	64	68	58	67	72	76
	Ⅲ	39	45	50	53	44	53	57	60	52	61	66	69
	Ⅳ	32	37	39	42	32	45	48	50	45	53	56	59
	Ⅴ	24	28	28	26	29	34	35	32	38	43	44	42
	Ⅵ	6	2	2	2	12	9	6	5	19	19	18	13

续表 B-9

暴雨分区	土的类别	频率 P											
		$\frac{1}{25}(4\%)$				$\frac{1}{50}(2\%)$				$\frac{1}{100}(1\%)$			
		汇流时间 τ(min)											
		30	45	60	80	30	45	60	80	30	45	60	80
第18区	Ⅰ	46	57	66	75	52	64	72	81	57	69	78	87
	Ⅱ	37	46	52	58	43	53	58	64	49	58	64	70
	Ⅲ	32	40	46	51	37	46	52	57	43	52	57	64
	Ⅳ	28	33	37	41	33	39	43	47	37	45	50	55
	Ⅴ	20	22	23	25	24	28	30	31	28	33	36	39
	Ⅵ	7	8	8	6	10	12	12	11	16	18	20	21

表 B-10 被植物或坑洼滞留的径流厚度 z 值

地面特征	z(mm)
高1m以下密草，1.5m以下幼林，稀灌木丛，根浅茎细的旱田农作物(如麦类)	5
高1m以上密草，1.5m以上幼林，灌木丛，根深茎粗的旱田农作物(如高粱)；山地水稻田，结合治理，坡面已初步控制者	10
顺坡带埂的梯田，每个0.1~0.2m³，>10万个/km²的鱼鳞坑，0.3m³/m左右，>5万个/km²的水平沟(后两项在黄土高原水土流失严重地区不考虑)	10~15
稀林，树冠所遮盖的面积占全面积的百分比(即郁闭度)为40%以下，结合治理，坡面已基本控制者	15
平原水稻田	20
中等稠度林(郁闭度60%左右)	25
水平带梗或倒坡的梯田	20~30
密林(郁闭度80%以上)	35
阻塞地、青苔泥苔地、洪水时期长有农作物的耕地	20~40

表 B-11 洪峰传播的流量折减系数 β 值

汇水面积重心至涵位(洞)的距离 L_0(km)	1	2	3	4	5	6	7	10
平原及丘陵汇水区	1	0.95	0.90	0.85	0.80	0.75	0.70	0.60
山地及山岭汇水区	1	1	1	0.95	0.90	0.85	0.80	0.70

表 B-12 降雨不均匀的折减系数 γ 值

汇流时间 τ(min)	季候风气候地区				西北和内蒙古地区			
	汇水面积长度或宽度(km)							
	25	35	50	100	5	10	20	35
30	1.0	0.9	0.8	0.8	0.9	0.8	0.7	0.6
45		1.0	0.9	0.9	1.0	0.9	0.8	0.7
60			1.0	0.9		0.9	0.8	0.7
80				1.0		1.0	0.9	0.8
100							0.9	0.8
150							1.0	0.9
200								1.0

表 B-13 小水库(湖泊)调节折减系数 δ 值

$\frac{f}{F}$(%)	5	10	15	20	25	30	35	40	45	50	60	70	80	90	100
δ 值	0.99	0.97	0.96	0.94	0.93	0.91	0.90	0.88	0.87	0.85	0.82	0.79	0.76	0.73	0.70

注：1. 表中 F 为涵位(洞)处的汇水面积(km^2)；f 为水库(湖泊)控制的汇水面积(km^2)。
2. 本表是按溢洪流量对入库流量之比值 $K=0.7$ 计算的结果。

表 B-14 小流域流量变差系数 C_v 的平均值

土的吸水类属	$\dfrac{\text{流量变差系数 } C_v}{\text{日雨量变差系数 } C'_v}$ 的平均值	全国 C'_v 平均值	流量变差系数 C_v 的平均值及其变幅
Ⅰ	1.00	全国 40 余站 $C'_v=0.3\sim 0.6$，而记录最长的北京、上海、天津三站历时 10～1 440min 间的 C'_v 为 0.3～0.6，平均 $C'_v=0.45$	0.45(0.30～0.60)
Ⅱ	1.25		0.56(0.38～0.75)
Ⅲ	1.40		0.63(0.42～0.84)
Ⅳ	1.60		0.72(0.48～0.96)
Ⅴ	2.50		1.12(0.75～1.50)
Ⅵ	3.50		1.57(1.05～2.10)

注：土壤吸水类属见表 B-7。

表 B-15 流量模比系数 K 值

C_v	频率 P								C_s
	1/1 000	1/500	1/300	1/100	1/50	1/25	1/10	1/5	
0.02	1.06	1.06	1.06	1.05	1.04	1.03	1.03	1.02	0.1
0.03	1.10	1.09	1.09	1.07	1.06	1.05	1.04	1.03	0.2
0.05	1.18	1.16	1.15	1.13	1.11	1.09	1.07	1.04	0.3
0.07	1.26	1.23	1.22	1.18	1.16	1.12	1.09	1.06	0.4

续表 B-15

C_v	频率 P								C_s
	1/1 000	1/500	1/300	1/100	1/50	1/25	1/10	1/5	
0.09	1.34	1.32	1.30	1.24	1.21	1.16	1.12	1.07	0.5
0.11	1.44	1.40	1.37	1.30	1.26	1.20	1.15	1.09	0.6
0.13	1.53	1.48	1.46	1.37	1.31	1.24	1.17	1.10	0.7
0.15	1.64	1.57	1.54	1.43	1.37	1.28	1.20	1.12	0.8
0.17	1.74	1.66	1.63	1.50	1.43	1.32	1.23	1.13	0.9
0.20	1.91	1.82	1.76	1.60	1.51	1.38	1.27	1.15	1.0
0.22	2.03	1.92	1.86	1.68	1.57	1.42	1.29	1.16	1.1
0.29	2.39	2.25	2.17	1.91	1.76	1.55	1.39	1.21	1.2
0.36	2.78	2.58	2.49	2.16	1.96	1.69	1.48	1.26	1.3
0.45	3.32	3.09	2.92	2.48	2.23	1.95	1.61	1.32	1.4
0.50	3.64	3.35	3.17	2.67	2.37	1.98	1.67	1.35	1.5
0.56	4.00	3.68	3.47	2.89	2.55	2.19	1.75	1.38	1.6
0.63	4.45	4.08	3.83	3.16	2.77	2.35	1.83	1.41	1.7
0.72	5.07	4.61	4.34	3.53	3.05	2.45	1.95	1.46	1.8
0.78	5.50	4.98	4.67	3.77	3.25	2.55	2.02	1.49	1.9
0.85	6.02	5.42	5.09	4.06	3.47	2.70	2.11	1.52	2.0
0.92	6.58	5.88	5.42	4.36	3.70	2.84	2.19	1.55	2.1
0.99	7.14	6.35	5.85	4.66	3.94	2.99	2.27	1.57	2.2
1.06	7.72	6.83	6.19	4.98	4.18	3.13	2.35	1.59	2.3
1.12	8.23	7.35	6.58	5.24	4.39	3.28	2.40	1.61	2.4
1.20	8.92	7.94	7.00	5.60	4.67	3.41	2.49	1.64	2.5
1.27	9.55	8.37	7.48	5.91	4.92	3.55	2.56	1.65	2.6
1.34	10.19	9.04	7.97	6.24	5.18	3.69	2.62	1.66	2.7
1.41	10.86	9.46	8.47	6.57	5.44	3.84	2.69	1.66	2.8
1.48	11.54	10.03	8.99	6.90	5.71	3.99	2.76	1.67	2.9
1.57	12.43	10.94	9.50	7.33	6.00	4.25	2.83	1.66	3.0
1.69	13.59	11.99	10.30	7.90	6.24	4.40	2.86	1.65	3.2
1.83	15.00	14.30	11.61	8.59	7.02	4.64	3.43	1.64	3.4
1.98	16.54	14.38	12.96	9.36	7.57	4.90	3.59	1.61	3.6
2.11	17.99	15.60	14.02	10.03	8.07	5.11	3.70	1.58	3.8
2.26	19.65	17.00	15.24	10.81	8.64	5.36	3.83	1.54	4.0
2.40	21.28	18.38	16.43	11.56	9.16	5.56	3.93	1.48	4.2
2.54	22.95	19.75	17.64	12.30	9.69	5.75	4.02	1.41	4.4

续表 B-15

C_v	频率 P								C_s
	1/1 000	1/500	1/300	1/100	1/50	1/25	1/10	1/5	
2.68	24.64	21.15	18.85	13.06	10.19	5.88	4.06	1.32	4.6
2.82	26.38	22.63	20.12	13.83	10.67	5.96	4.10	1.28	4.8
2.96	28.08	24.03	21.34	14.59	11.15	6.00	3.84	1.23	5.0

注：1. 本表是铁路科学研究院根据我国观测 15 年以上的 20 个测站记录资料制定的。
2. 本表可以内插。

表 B-16 周期换算系数 M 值

编制单位	频率 P						
	1/300	1/100	1/50	1/25	1/20	1/10	1/5
原铁道部第二勘测设计院 $F \leq 30(\mathrm{km}^2)$（西南地区用）	1.00	0.80	0.67	0.50	0.45	0.33	0.25
	1.25	1.00	0.83	0.62	0.57	0.42	0.32
	1.50	1.20	1.00	0.75	0.68	0.50	0.38
	2.00	1.60	1.33	1.00	0.91	0.67	0.51
	2.21	1.76	1.47	1.10	1.00	0.74	0.56
	3.00	2.40	2.00	1.50	1.36	1.00	0.76
	3.95	3.16	2.64	1.97	1.79	1.32	1.00
原铁道部第三勘测设计院 $F \leq 30(\mathrm{km}^2)$	1.00	0.80	0.60	0.50		0.30	
	1.25	1.00	0.75	0.63		0.38	
	1.67	1.33	1.00	0.83		0.50	
	2.00	1.60	1.20	1.00		0.60	
	3.33	2.66	2.00	1.66		1.00	

表 B-17a 人工加固工程的允许（不冲刷）平均流速 v_y

序号	加固工程种类	水流平均深度（m）			
		0.4	1.0	2.0	3.0
		平均流速 v_y（m/s）			
1	平铺草皮（在坚实基底上） 叠铺草皮	0.9 1.5	1.2 1.8	1.3 2.0	1.4 2.2
2	用大圆石或片石堆积，当石块平均尺寸为 $\begin{cases} 20\sim30\mathrm{cm} \\ 30\sim40\mathrm{cm} \\ 40\sim50\mathrm{cm} \text{ 及以上} \end{cases}$	3.3 — —	3.6 4.1 —	4.0 4.3 4.6	4.3 4.6 4.9
3	在篱格内堆两层大石块，当石块平均尺寸为 $\begin{cases} 20\sim30\mathrm{cm} \\ 30\sim40\mathrm{cm} \\ 40\sim50\mathrm{cm} \text{ 及以上} \end{cases}$	4.0 — —	1.5 5.0 —	4.9 5.4 5.7	5.3 5.7 5.9
4	青苔上单层铺砌（青苔层厚度不小于5cm）： （1）用15cm 大小的圆石（或片石） （2）用20cm 大小的圆石（或片石） （3）用25cm 大小的圆石（或片石）	2.0 2.5 3.0	2.5 3.0 3.5	3.0 3.5 4.0	3.5 4.0 4.5

续表 B-17a

序号	加固工程种类	水流平均深度(m)			
		0.4	1.0	2.0	3.0
		平均流速 v_y (m/s)			
5	碎石(或砾石)上的单层铺砌(碎石层厚度不小于10cm): (1)用15cm大小的片石(或圆石) (2)用20cm大小的片石(或圆石) (3)用25cm大小的片石(或圆石)	2.5 3.0 3.5	3.0 3.5 4.0	3.5 4.0 4.5	4.0 4.5 5.0
6	单层细面粗凿石料铺砌在碎石(或砾石)上(碎石层厚度不小于10cm): (1)用20cm大小的石块 (2)用25cm大小的石块 (3)用30cm大小的石块	3.5 4.0 4.0	4.5 4.5 5.0	5.0 5.5 6.0	5.5 5.5 6.0
7	铺在碎石(或砾石)上的双层片石(或圆石): 下层用15cm石块,上层用20cm石块(碎石层厚度不小于10cm)	3.5	4.5	5.0	5.5
8	铺在坚实基底上的枯枝铺面及枯枝铺垫(临时性加固工程用): (1)铺面厚度 $\delta = 20 \sim 25$cm (2)大于上述厚度时	—	2.0 按上值乘以系数 $0.2\sqrt{\delta}$	2.5	
9	柴排: (1)厚度 $\delta = 50$cm 时 (2)大于上述厚度时	2.5	3.0 按上值乘以系数 $0.2\sqrt{\delta}$	3.5	—
10	石笼(尺寸不小于 $0.5 \times 0.5 \times 1.0$m 者)	4.0及以下	5.0及以下	5.5及以下	6.0及以下
11	在碎石层上 M5 水泥砂浆砌双层片石,其石块尺寸不小于20cm	5.0	6.0	7.5	—
12	M5 水泥砂浆砌石灰岩片石的圬工(石料极限强度不小于10MPa)	3.0	3.5	4.0	4.5
13	M5 水泥砂浆坚硬的粗凿片石圬工(石料极限强度不小于30MPa)	6.5	8.0	10.0	12.0
14	C20 混凝土护面加固 C15 混凝土护面加固	6.5 6.0	8.0 7.0	9.0 8.0	10.0 9.0
15	混凝土水槽表面光滑者: (1)C20 混凝土 (2)C15 混凝土	13.0 12.0	16.0 14.0	19.0 16.0	20.0 18.0
16	木料光面铺底,基层稳固及水流顺木纹者	8.0	10.0	12.0	14.0

注:表列流速值不得用内插法,水流深度在表值之间时,流速数值采用接近于实际深度的流速。

表 B-17b 黏性土的允许(不冲刷)平均流速 v_y

序号	土的名称	颗粒成分(%) 小于 0.005mm	颗粒成分(%) 0.005~0.050mm	不密结的土(孔隙系数1.2~0.9),土的集料重力密度在12kN/m³以下 水流平均深度(m) 0.4	1.0	2.0	3.0	中等密结的土(孔隙系数0.9~0.6),土的集料重力密度12~16.6kN/m³ 0.4	1.0	2.0	3.0	密结的土(孔隙系数0.6~0.3),土的集料重力密度16.6~20.4kN/m³ 0.4	1.0	2.0	3.0	极密结的土(孔隙系数0.3~0.2),土的集料重力密度20.4~21.4kN/m³ 0.4	1.0	2.0	3.0
1	黏土	30~50	70~50	0.35	0.40	0.45	0.50	0.70	0.85	0.95	1.10	1.00	1.20	1.40	1.50	1.40	1.70	1.90	2.10
2	重砂质黏土	20~30	80~70	0.35	0.40	0.45	0.50	0.70	0.85	0.95	1.10	1.00	1.20	1.40	1.50	1.40	1.70	1.90	2.10
3	硗瘠砂质黏土	10~20	90~80	0.35	0.40	0.45	0.50	0.65	0.80	0.90	1.00	0.95	1.20	1.40	1.50	1.40	1.70	1.90	2.10
4	新沉淀的黄土性土	—	—	—	—	—	—	0.60	0.70	0.80	0.85	0.80	1.00	1.20	1.30	1.10	1.30	1.50	1.70
5	砂质土	5~10	20~40	根据砂粒大小采用表 B-17c 中的值															

注:1. 此表源于1993年版《公路桥涵设计手册 涵洞》一书。
2. 此处土的名称和设计相关规范不尽相同,使用时可根据表中相关指标选用。

表 B-17c 非黏性土的允许(不冲刷)平均流速 v_y

序号	土及其特征 名称	土及其特征 形状	土的颗粒尺寸(mm)	水流平均深度(m) 0.4	1.0	2.0	3.0	5.0	10 及以上
1	粉砂及淤泥	粉砂及淤泥带细砂,沃土	0.005~0.05	0.15~0.20	0.20~0.30	0.25~0.40	0.30~0.45	0.40~0.55	0.45~0.65
2	砂,小颗粒	细砂带中等尺寸的砂粒	0.05~0.25	0.20~0.35	0.30~0.45	0.40~0.55	0.45~0.60	0.55~0.70	0.65~0.80
3	砂,中颗粒	细砂带黏土,中等尺寸的砂带大的砂粒	0.25~1.00	0.35~0.50	0.45~0.60	0.55~0.70	0.60~0.75	0.70~0.85	0.80~0.95
4	砂,大颗粒	大砂夹杂着砾,中等颗粒砂带黏土	1.00~2.50	0.50~0.65	0.60~0.75	0.70~0.80	0.75~0.90	0.85~1.00	0.95~1.20
5	砾,小颗粒	细砾带着中等尺寸的砾石	2.50~5.00	0.65~0.80	0.75~0.85	0.80~1.00	0.90~1.10	1.00~1.20	1.20~1.50
6	砾,中颗粒	大砾带砂带小砾	5.00~10.0	0.80~0.90	0.85~1.05	1.00~1.15	1.10~1.30	1.20~1.45	1.50~1.75
7	砾,大颗粒	小卵石带砂带砾	10.0~15.0	0.90~1.10	1.05~1.20	1.15~1.35	1.30~1.50	1.45~1.65	1.75~2.00

续表 B-17c

序号	土及其特征		土的颗粒尺寸(mm)	水流平均深度(m)					
	名称	形状		0.4	1.0	2.0	3.0	5.0	10及以上
				平均流速 v_y (m/s)					
8	卵石,小颗粒	中等尺寸卵石带砂带砾	15.0~25.0	1.10~1.25	1.20~1.45	1.35~1.65	1.50~1.85	1.65~2.00	2.00~2.30
9	卵石,中颗粒	大卵石夹杂着砾	25.0~40.0	1.25~1.50	1.45~1.85	1.65~2.10	1.85~2.30	2.00~2.45	2.30~2.70
10	卵石,大颗粒	小鹅卵石带卵石带砾	40.0~75.0	1.50~2.00	1.85~2.40	2.10~2.75	2.30~3.10	2.45~3.30	2.70~3.60
11	鹅卵石,小个	中等尺寸鹅卵石带卵石	75.0~100	2.00~2.45	2.40~2.80	2.75~3.20	3.10~3.50	3.30~3.80	3.60~4.20
12	鹅卵石,中等	中等尺寸鹅卵石夹杂着大个的鹅卵石,大鹅卵石带着小的夹杂物	100~150	2.45~3.00	2.80~3.35	3.20~3.75	3.50~4.10	3.80~4.40	4.20~4.50
13	鹅卵石,大个	大鹅卵石带小漂圆石带卵石	150~200	3.00~3.50	3.35~3.80	3.75~4.30	4.10~4.65	4.40~5.00	4.50~5.40
14	漂圆石,小个	中等漂圆石带卵石	200~300	3.50~3.85	3.80~4.35	4.30~4.70	4.65~4.90	5.00~5.50	5.40~5.90
15	漂圆石,中等	漂圆石夹杂着鹅卵石	300~400	—	4.35~4.75	4.70~4.95	4.90~5.30	5.50~5.60	5.90~6.00
16	漂圆石,特大		400~500及以上的	—	—	4.95~5.35	5.30~5.50	5.60~6.00	6.00~6.20

表 B-17d 石质土的允许(不冲刷)平均流速 v_y

序号	土的名称	水流平均深度(m)			
		0.4	1.0	2.0	3.0
		平均流速 v_y (m/s)			
1	砾岩、泥灰岩、页岩	2.0	2.5	3.0	3.5
2	多孔的石灰岩、紧密的砾岩、成层的石灰岩、石灰质砂岩、白云石质石灰岩	3.0	3.5	4.0	4.5

续表 B-17d

序号	土 的 名 称	水流平均深度(m)			
		0.4	1.0	2.0	3.0
		平均流速 v_y (m/s)			
3	白云石质砂岩、紧密不分层的石灰岩、砂质石灰石、大理石	4.0	5.0	6.0	6.5
4	花岗岩、辉绿岩、玄武岩、安山岩、石英岩、斑岩	15.0	18.0	20.0	22.0

注：1. 表 B-17b、B-17c、B-17d 所列流速数值不可内插，当水流深度在表列水深值之间时，则流速应采取与实际水流深度最接近时的数值。

2. 当水流深度大于 3.0m（在缺少特别观测与计算的情况下）时，允许流速采用水深为 3.0m 时的数值。

3. 表 B-17b 中，当设计位于易受风化的密结及极密结土中的地面排水沟时，允许流速应以中等密结的土所用之数值为限。

表 B-18 流速系数 φ 值

涵 台 形 式	φ
单孔涵锥坡填土	0.90
单孔涵有八字翼墙	0.90
多孔涵或无锥坡或涵台伸出锥坡之外	0.85
拱脚淹没的拱涵	0.80

表 B-19 涵洞进水口摩阻系数 ξ 值

上游洞口建筑形式	ξ
没有洞口建筑的涵洞	0.45
有扩张式斜翼墙的洞口建筑的涵洞	0.25
有锥形洞口建筑的涵洞	0.10

表 B-20 天然流量计算用的积水换算系数 S 值

H	$\dfrac{B}{Hi}$	$Q^{\frac{3}{2}}F$										
		2	5	10	15	20	30	50	100	200	500	1 000
0.5	100	1.10										
	150	1.16										
	200	1.20										
	250	1.26	1.16									
	300	1.30	1.17	1.10								
	400	1.40	1.23	1.13								
	500	1.52	1.30	1.20								

续表 B-20

H	$\dfrac{B}{Hi}$	$Q^{\frac{3}{2}}F$										
		2	5	10	15	20	30	50	100	200	500	1 000
0.75	25	1.10										
	30	1.12										
	40	1.13										
	50	1.21	1.10									
	70	1.32	1.18									
	100	1.48	1.25	1.11								
	150	1.64	1.38	1.28								
	200	1.88	1.50	1.31	1.24	1.19	1.13					
	250	2.08	1.64	1.39	1.28	1.21	1.15	1.11				
	300	2.20	1.72	1.50	1.35	1.30	1.22	1.17				
	400	2.65	1.94	1.60	1.46	1.40	1.30	1.20	1.12			
	500	3.04	2.20	1.74	1.60	1.49	1.37	1.28	1.20			
1.0	10	1.10										
	15	1.15										
	20	1.23	1.12									
	25	1.31	1.17									
	30	1.43	1.23	1.15								
	40	1.57	1.32	1.20	1.12							
	50	1.70	1.37	1.23	1.18	1.14						
	70	1.94	1.52	1.31	1.23	1.20	1.13					
	100	2.37	1.72	1.47	1.35	1.29	1.20	1.11				
	150	2.86	1.78	1.71	1.57	1.49	1.38	1.24				
	200		1.90	1.71	1.60	1.44	1.30	1.25	1.10			
	250		2.03	1.85	1.71	1.60	1.42	1.26	1.16			
	300		2.32	2.08	1.90	1.70	1.50	1.31	1.20			
	400		2.68	2.30	2.10	1.84	1.61	1.43	1.27	1.10		
	500		2.85	2.57	2.39	2.10	1.80	1.50	1.30	1.16		
1.25	10	1.31	1.15									
	15	1.48	1.21	1.12								
	20	1.60	1.32	1.19	1.11							
	25	1.78	1.40	1.23	1.17	1.13						
	30	2.09	1.60	1.35	1.25	1.20	1.10					
	40	2.30	1.73	1.45	1.32	1.26	1.17					
	50	2.50	1.85	1.56	1.40	1.31	1.23	1.18				
	70	3.18	2.40	1.83	1.60	1.49	1.32	1.22	1.15			
	100		2.63	2.10	1.86	1.70	1.56	1.37	1.21	1.12		
	150		3.19	2.60	2.30	2.10	1.83	1.60	1.37	1.18		
	200			3.01	2.60	2.38	2.03	1.79	1.50	1.30		
	250				2.98	2.65	2.30	2.01	1.62	1.40	1.18	
	300				3.25	3.00	2.54	2.10	1.71	1.48	1.24	
	400							2.43	1.92	1.58	1.31	
	500							2.72	2.11	1.71	1.39	

续表 B-20

H	$\dfrac{B}{Hi}$	$Q^{\frac{3}{2}}F$										
		2	5	10	15	20	30	50	100	200	500	1 000
1.50	10	1.69	1.33	1.16								
	15	1.96	1.52	1.30	1.21	1.18						
	20	2.27	1.70	1.39	1.27	1.20	1.12					
	25	2.47	1.84	1.53	1.37	1.33	1.24	1.21				
	30	2.81	2.02	1.66	1.48	1.39	1.27	1.22				
	40	3.26	2.32	1.85	1.65	1.52	1.37	1.24				
	50		2.58	1.98	1.74	1.59	1.43	1.33				
	70		3.26	2.46	2.12	1.94	1.71	1.50				
	100			3.06	2.60	2.33	2.02	1.73	1.43	1.24		
	150				3.30	2.94	2.47	2.02	1.64	1.39	1.24	
	200					3.30	2.87	2.42	1.93	1.59	1.28	
	250							2.72	2.08	1.67	1.35	
	300								2.20	1.90	1.50	
	400								2.50	2.06	1.64	
1.75	10	2.27	1.64	1.34	1.22	1.15	1.10					
	15	2.50	1.88	1.56	1.41	1.32	1.22	1.12				
	20	3.08	2.00	1.74	1.56	1.45	1.32	1.22				
	25	3.23	2.35	1.92	1.71	1.58	1.43	1.27				
	30		2.72	2.06	1.81	1.67	1.49	1.35				
	40		3.30	2.42	2.06	1.87	1.67	1.50	1.33	1.23		
	50			2.84	2.38	2.10	1.85	1.63	1.52	1.28		
	70				2.70	2.49	2.20	1.92	1.61	1.36	1.14	
	100					2.94	2.47	2.12	1.76	1.43	1.23	
	150						2.54	2.28	1.96	1.69	1.39	
	200								2.76	2.13	1.52	
2.0	10	2.82	1.93	1.52	1.37	1.28	1.21					
	15		2.44	1.89	1.67	1.52	1.36	1.22				
	20		2.67	2.13	1.90	1.76	1.56	1.39				
	25		3.30	2.47	2.12	1.92	1.70	1.49	1.20			
	30				2.38	2.13	1.89	1.63	1.36	1.16		
	40				2.62	2.38	2.12	1.82	1.47	1.21		
	50				3.23	2.87	2.46	2.04	1.67	1.35	1.10	
	70						2.94	2.42	1.92	1.56	1.24	
	100							2.50	2.11	1.79	1.43	
	150								2.73	2.17	1.63	
2.5	10		3.18	2.32	2.00	1.82	1.60	1.41				
	15					2.13	1.90	1.65	1.35	1.11		
	20					2.70	2.25	1.98	1.56	1.22		
	25						2.35	2.02	1.70	1.43	1.11	
	30						3.13	2.50	1.92	1.52	1.20	
	40							2.81	2.15	1.72	1.32	1.16
	50								2.59	1.94	1.56	1.22
	70								3.10	2.40	1.70	1.30

续表 B-20

H	$\dfrac{B}{Hi}$	$Q^{\frac{3}{2}}F$									
		2	5	10	15	20	30	50	100	200	500	1 000
3.0	10	2.60	1.92	1.50	1.32	1.20						
	15						3.00	2.68	2.06	1.83	1.50	1.10
	20								2.18	1.93	1.16	1.27
	25								2.90	2.30	1.90	1.38
	30									2.65	2.10	1.55	1.20
3.5	10							3.10	2.60	2.00	1.60	1.14
	15								2.70	2.28	1.80	1.40	1.13
4.0	10								2.38	1.93	1.41	
	15								2.90	2.22	1.58	

注：1. 表中 Q 为原涵洞通过某一历史洪峰流量或多年平均洪峰流量(m^3/s)；F 为原涵位上游的汇水面积(km^2)；H 为洪峰时原涵前的水深(m)；B 为原涵前相应于洪峰水深时的水面宽度(m)；i 为原涵位处纵向平均坡度(‰)。
2. 表中所列 S 值在 1.1~3.3 范围之内；当 $S>3.3$ 时，应详细调查，确定积水原因后再行计算；当 $S<1.1$ 时，按 1.1 计算。
3. 表中所缺数值，可以内插法计算。

本规范用词用语说明

1 本规范执行严格程度的用词，采用下列写法：

1）表示很严格，非这样做不可的用词，正面词采用"必须"，反面词采用"严禁"；

2）表示严格，在正常情况下均应这样做的用词，正面词采用"应"，反面词采用"不应"或"不得"；

3）表示允许稍有选择，在条件许可时首先应这样做的用词，正面词采用"宜"，反面词采用"不宜"；

4）表示有选择，在一定条件下可以这样做的用词，采用"可"。

2 引用标准的用语采用下列写法：

1）在标准总则中表述与相关标准的关系时，采用"除应符合本规范的规定外，尚应符合国家和行业现行有关标准的规定"。

2）在标准条文及其他规定中，当引用的标准为国家标准和行业标准时，表述为"应符合《××××××》（×××）的有关规定"。

3）当引用本标准中的其他规定时，表述为"应符合本规范第×章的有关规定"、"应符合本规范第×.×节的有关规定"、"应符合本规范第×.×.×条的有关规定"或"应按本规范第×.×.×条的有关规定执行"。